알바생이 어떻게 부사장이 되었을까?

From Part-timer to Executive Vice President

가슴 뛰는 삶을 살아온 한 기업인의 성장 스토리

알바생이 어떻게 부사장이 되었을까?

초판 1쇄 인쇄일　2024년 3월 11일
초판 1쇄 발행일　2024년 3월 20일

지은이　　박경미
펴낸이　　최길주

펴낸곳　　도서출판 BG북갤러리
등록일자　2003년 11월 5일(제318-2003-000130호)
주소　　　서울시 영등포구 국회대로72길 6, 405호(여의도동, 아크로폴리스)
전화　　　02)761-7005(代)
팩스　　　02)761-7995
홈페이지　http://www.bookgallery.co.kr
E-mail　　cgjpower@hanmail.net

ISBN 978-89-6495-290-0 03320

가슴 뛰는 삶을 살아온 한 기업인의 성장 스토리

알바생이 어떻게 부사장이 되었을까?

From Part-timer to
Executive Vice President

박경미 지음

BG 북갤러리

삶에 지친 독자들에게 큰 용기를 주고, 따뜻한 사랑을 받게 되기를 바란다

한 기자가 미국의 발명가 에디슨에게 이렇게 질문했다.

"전구를 발명하기까지 천 번도 넘는 실패를 했다고 들었습니다. 전구를 만드는 데 성공한 지금, 기분이 어떠십니까?"

에디슨이 이렇게 대답했다.

"나는 실패한 적이 없습니다. 전구를 발명하기까지 천 번의 단계를 거친 것뿐입니다."

'실패는 성공의 어머니'라는 말로 유명한 에디슨다운 답변이다. 아무리 실패를 거듭하더라도 좌절할 필요가 없다. 모든 실패는 성공으로 가는 과정이니 말이다.

여기 꿈을 이루기 위해 목표를 설정하고, 그 목표에 도달하기 위해 로드맵을 그려 하나씩 실행에 옮기며 오뚝이처럼 살아온 인생이 있다. 바로 박경미 작가이다. 알바생으로 시작하여 부사장이 되고, 은퇴를 앞둔 지금까지 약 40년 동안 모든 역경에 맞서서 드디어 꿈을 이뤄낸 인물이다. 박 작가의 첫 저서 《알바생이 어떻게 부사장이 되었을까》를 출간하게 되어 진심으로 축하드린다. 경영자로서 잦은 출장과 매일 쌓여가는 업무로 인해 바쁜 중에도 버킷리스트 중 하나인 책 쓰기에 도전하여 이렇게 저서를 출간하게 되었으니, 책 쓰기 코칭을 한 사람으로서 기립박수를 보낸다.

훌륭한 경영자가 되기 위해서는 '허드렛일부터 제대로 하라.'는 말이 있는데, 박 작가야말로 이 말의 진수를 유감없이 보여준 인물이다. 알바생으로 입사했지만, 허드렛일이라며 가벼이 대하거나 피하지 않고 열과 성을 다해 일했다. 그 결과, 인정을 받으면서 정직원이 되고 부사장까지 되어 경영자로서 가슴 뛰는 삶을 이어온 전 과정을 생생하게 보여주고 있다. 다른 사람의 생각과 말에 휘둘리며 끌려다니는 노예 같은 삶이 아니라, 비록 알바생이지만 주인의식을 갖고 성실하게 일하며 어떻게 꿈을 이루어갔는지, 독자들은 생생하게 목도하게 될 것이다.

꿈은 미래를 위한 씨앗이고, 인생을 바꾸는 원동력이다. 박 작가가 꿈이 있었기에 구체적인 로드맵을 그릴 수 있었고, 어떤 어려움에도 포기하지 않는 불포가인(不抛加忍, 포기하지 말고 인내를 더하라)의 정신으로 노력을 기울일 수 있었다. 부정적인 상황에서도 언제나 긍정적인 사고로 행동하며 하나씩 꿈을 이루어냈다. 이 세상에 아무런 준비도 없이 그냥 이루어지는 것은 하나도 없다. 매일 책을 읽고 꾸준히 연수를 받으며 한 단계씩 승진하여 부사장까지 된 것이다. 미래는 꿈꾸는 자의 것이고, 꿈을 이루기 위해 노력하는 자의 것이다. 자신이 무엇을 생각하고 무엇을 하느냐에 따라 미래가 달라질 수밖에 없다.

이 책이 삶에 지친 독자들에게 큰 용기를 주고, 따뜻한 사랑을 받게 되기를 바란다. 또한, 독자들의 가슴 가슴마다 박 작가의 열정적인 삶, 가슴 뛰는 삶이 전파될 것을 확신한다.

중국 송나라 정치인이자 문필가였던 왕안석이 "가난한 자는 독서로 부자가 되고, 부자는 독서로 귀인이 된다."라고 했는데, 박 작가야말로 책을 통해 경영을 배웠고 실제 경영에 적용하여 부사장까지 되었으며, 이젠 작가가 되었다. 은퇴 후, 작가로서 계속 활동하기를 바라며, 평생교육원을 경영하는 경영자로서 그리고 강연가로서 크게 성공하기를 바란다.

우리가 진정으로 원하고, 추구하는 삶이 있다면 지금 당장 책을 읽고 공부하면서 주도적으로 삶을 이끌어나가야 한다. 그러면 가슴 뛰는 삶, 행복한 삶을 만들어낼 것이다.

테라폰 책 쓰기 아카데미

대표 **김선옥**

걸림돌이 있다면 이 책을 통해
힘을 얻고 꿈을 이룰 수 있기를…

40년 동안 회사 경영을 통해 사람의 소중함을 알았고, 인생을 배웠다. 일은 인생의 최고목적지인 행복을 찾아가는 과정이었다. 일하는 과정을 거치면서 미래가 결정되는 것이었다.

초등시절의 꿈은 교사가 되어 제자들을 가르치는 것이었다. 단순히 지식만 전달하는 교사가 아닌, 때로는 친구처럼 때로는 부모처럼 따뜻하게 대하며 제자들의 인생길을 열어주고 싶었다. 우리나라 미래 인재 육성에 동참하고 싶었다. 그러나 이런 꿈과는 전혀 다른 중소기업 제조업에서 아르바이트로 일하게 되었다.

알바면 어때? 나의 꿈을 찾아가는 과정 중 하나라고 생각하며, 누구보다도 열심히 주어진 일에 최선을 다하며, 닥치는 대로 무슨 업무든지 다 했다. 알바였지만 꿈이 있었기에 가능한 일이었다. 그 당시 알바는 가정교사, DJ 등으로 다양하지는 않았다. 특히 제조업에서의 알바는 특이한 직종이었다.

열심히 일하니 능력을 인정받아 정규직으로 빠르게 전환되었다.

정규직으로 일하다 보니 교사의 꿈을 이루고자 하는 공부를 계속할 수가 없어 아쉬움이 컸다.

제조업에서 다양한 업무를 보면서 소통 능력은 자연스럽게 신장되었다. 열정적으로 책임감 있게 일하다 보니 문제해결 능력과 자신감도 생겨 내가 주도하는 삶을 살아가게 되었다. 이렇게 다양한 업무로 훈련이 되어 회사에서 멋진 커리어우먼으로 승진해 보겠다는 꿈을 꾸기 시작하였다. 그리고 그 꿈이 이루어져 부사장까지 되었다.

승진할 때마다 기쁨보다는 직책에 대한 부담감으로 소심해질 때도 있었다. 업무를 고도화하기 위하여 책을 읽으면서 공부하였고, 임원으로 승진한 후에는 경영학 공부를 시작하여 학사·석사를 마쳤다. 그 후 50대에도 일과 병행하며 공부를 계속하였다. 공부는 놀라운 결과를 가져다주었다. 첫 번째로, 맡은 사업장에서 회사의 미션이었던 '적자에서 흑자'로 만들었다. 두 번째는 은퇴 후 '책 쓰기'를 한다고 했는데, 그 꿈이 앞당겨졌다. 그동안 회사 일을 잘하기 위해 꾸준히 독서를 해온 덕분이었다. 독서는 나를 성장시키고 새로운 도전의 원동력이 되었다. 새로운 업무가 주어질 때 두려움보다 설렘으로 다가와 가슴 뛰는 삶을 살게 되었다. 또한 행복을 찾아가는 과정인 5년 후, 10년 후의 로드맵을 그릴 수 있는 초석이 되었다.

잊고 살았던 어릴 적 꿈이 현실로 다가오고 있다. 평생 공부하는 시니어 시대에 평생 교육사를 꿈꾸며 석사 과정을 공부하고 있다. 100세 시대를 맞이하여 초등시절의 꿈이었던 가르치는 사람이 되는 교육사에 도전하고 있다. 계획을 세우고 하나씩 실천하면 자연스럽게 다음 단계의 성취를 위한 에너지가 생겼다. 단번에 이루어지지 않는다. 작은 성공이 모여 큰일을 이룰 수 있게 된다. 꿈을 이루고자 하는데, 당신 앞에 걸림돌이 있다면 이 책을 통해 힘을 얻고 디딤돌로 만들어 꿈을 이룰 수 있기를 바란다. 그리하여 행복하고 풍요로운 삶을 살아가기를 간절히 바란다.

멋진 커리어우먼이 되기까지 많은 분의 도움이 있었기에 가능한 일이었다. 직장에서 상사를 비롯하여 동료들의 도움이 컸고, 주변의 지인분들이 함께 응원해 주셔서 부사장의 자리까지 올라갈 수 있었다. 이 글을 통하여 진심으로 감사드린다. 그리고 이 책을 쓸 수 있도록 코칭을 해주신, 국어교사를 역임한 김선옥 코치님께도 감사드린다.

이 책을 읽는 알바생, 직장에서 일하는 직장인들과 은퇴를 앞둔 분들 그리고 큰 꿈에 도전하는 모든 독자에게 행운이 있길 간절히 바란다.

2024년 2월

박경미

차례

5장 은퇴를 앞두고 인생 2막을 준비하다   217

1장

알바로 시작해 부사장이 되다

알바로 재능을 발견하다

"자신을 내보여라. 그러면 재능이 드러날 것이다."

– 발타사르 그라시안(Baltasar Gracian)

누구나 사회생활 시작은 설레고, 기대가 크기 마련이다. 하지만 기대와는 달리 꿈꾸고 바라던 취업은 쉽지 않고, 계속 난관에 부딪히게 된다.

필자 또한 취업 문을 두드리며 기회를 찾고 있을 때, 먼저 취업한 친구 소개로 아르바이트를 하게 되었다. 알바 조건이 나쁘지 않았다. 일찍 일을 마치고, 밤에는 공부할 수 있었기 때문이다. 초등시절부터 있었던 교사의 꿈을 공부하여 이룰 수 있을 것 같았다. 이렇게 시작한 알바가 직업이 되었고, 부사장까지 될 줄이야 그 당시에는 전혀 몰랐다.

1980년대는 서비스업이나 유통업보다는 제조업이 왕성하게 성장하는 시대였다. 알바보다 정규직 일자리가 많았고, 알바로 가정교사, 카페 DJ를 주로 하던 시대였다. 알바를 하게 된 회사는 뿌리산업이자 기초산업으로 금형을 제작하는, 제조업을 하는 곳이다. 알바로는 특이한 직종이었고, 정규직 같은 알바였다.

오늘부터 내 인생에 알바를 시작하는 야심 찬 하루!

'알바면 어때? 열심히 일하여 땀 흘려 번 돈으로 내 꿈을 향해 한 발자국씩 다가가는 거야.' 교사의 꿈을 이뤘을 때를 상상하면서, 어떠한 일도 해낼 수 있겠다는 각오가 되어있었다.

제조공장의 직원들 대부분이 일찍 출근하여 준비하였다. 나도 알바시간에 맞추기보다 더 일찍 출근하여 업무를 시작하였다. 하는 일은 사무실에서 보조업무를 하는 것으로, 총무·회계 보조업무였다. 그 외에도 청소, 총무, 경리 보조업무, 잡심부름, 상사 차 준비와 방문 손님 차 대접, 마감에 야식까지 챙기는 일이었다.

회사는 점점 커져 맡겨진 역할보다 소소한 잡일이 더욱 많아졌다. 어차피 주어진 시간에 할 일이라면 '무엇이든 열심히 하자!'라고 생각하니 회사생활이 즐거웠고 활기차게 일할 수 있었다. 표정도 밝아졌다. 이렇게 열심히 일할 수 있었던 것은 바로 교사의 꿈이 있었기 때문이다.

집에서 하기 싫은 일 중의 하나가 청소인데, 회사에서는 매일 청소로 하루를 시작했다. 피곤한 몸을 이끌고 출근한 후 아침에 청소를 하다 보면, 몸이 가벼워지면서 마음도 말끔해지는 것을 느낄 수 있었다. 신기하게도 아침 청소는 삶의 활력소였고, 출근하는 직원의 표정도 밝게 만들었다. 무엇을 먼저하고 무엇을 나중에 할 것인지 하루 업무계획을 세우는 시간이기도 했다. 지금까지 초지일관 열심히 한 아침 청소가 성공의 밑거름이 되었다.

그다음 업무는 상사분 커피 준비다. 커피 한 잔 준비하는데도 정성을 다하겠다는 마음가짐으로 커피와 설탕, 프림의 비율을 맞추었다. 정성껏 준비한 커피를 드리면, 본 업무를 시작한다.

짧은 아침 시간에 여러 가지 일을 하다 보니 실수도 잦았다. 청소를 깨끗하게 한다고 책상 위에 놓여있는, 중요한 거래처 전화번호 메모를 휴지통에 버렸다가 꾸중을 듣고, 전화번호를 알아내느라 적잖이 힘들었다. 또한 커피에 설탕을 넣지 않고 드렸다가 "아침부터 반항하는 건가?"라고 농담하시는, 마음씨 고우신 상사님은 "실수는 할 수 있다. 그러나 반복하면 실수가 아니고, 심각한 일이 발생한다. 다시는 실수하지 않도록 특별히 신경 써야 한다."라고 하시며 충고해 주시기도 하였다. 잦은 실수를 하였지만, 여러 과정을 거치면서 단단해졌다.

'무슨 일이든 처음부터 잘하지 못한다고 실망할 필요는 없다.'

본 업무로는 총무업무와 경리업무, 기본업무로는 전표정리와 보조업무를 하였다. 총무업무는 직원들의 출·퇴근 카드관리, 의료보험 입·퇴사 신고

등 직원 신상에 관한 업무였다. 직원들의 이력 관리를 하였기에, 직원들의 이름은 물론 성향까지도 조금씩 파악하게 되어 업무를 추진하는 데 큰 도움이 되었다. 총무업무도 작은 일부터 큰일까지 업무가 상당히 많았지만, 서로 소통하면서 재미있게 일하여 힘든 줄 몰랐다.

입사했을 때가 회계 결산하는 시기였다. 회계 보조업무인 회계 전표를 정리하여 회계 장부에 옮겨적고, 이기를 제대로 했는지 확인하는 과정으로 대변과 차변이 맞으면 회계 보조업무는 마무리된다. 처음 해보는 일이고 많은 전표 옮겨적기를 수기로 하다 보니 단번에 맞추기란 쉽지 않았다. 주어진 시간에 최선을 다해 일했지만, 퇴근 시간이 점점 늦어졌다. 이기한 장부 결산이 맞지 않았기 때문이다. 결국은 해결하지 못해, 정직원에게 업무 내용을 인계하였다. 그때가 주말이었는데 마음이 편하지 않아 집에서 쉴 수가 없었다. 아무리 알바라 하더라도 맡은 업무는 해결해야 직성이 풀릴 것 같았다.

회사는 금형을 제조하는 공장으로 야근과 주말 특근을 하는 일은 다반사였다. 마침 일이 밀려서 주말에 특근한다는 직원들이 있어, 나도 출근하여 회계 장부 잔액을 온종일 확인한 결과, 원 단위를 찾을 수 있었다. 정확하게 장부 잔액을 잘 맞추고, 회계 장부를 업무 담당자에게 전달하니 할 일을 제대로 했다는 생각에 마음이 편해졌다. 회계는 숫자 1이 틀려도 안 되고, 차변과 대변이 일치해야 장부의 기본업무가 끝나 결산을 할 수 있다.

낮에는 알바를 하고 저녁에는 공부하면서 꿈을 향해 한 걸음씩 앞으로 나아갔기에 힘들어도 힘든 줄 몰랐다. 알바로 일도 많이 배웠고, 제조에 대한 공정도 어렴풋이 알게 되었다. 여러 공정을 거쳐 완성품이 제작되어 나오는 과정을 지켜보니 신기하여 제조업이 새롭게 보였다.

수주 증가로 공장 규모가 점점 커졌다. 직원도 더 채용해야 했으며 공장도 협소하여 이전이 필요했다. 그래서 미리 준비한 새 부지에 공장을 신축, 이전하게 되었다.

'알바는 너를 더 영리하게 만들고, 정규직은 너를 더 강하게 만들었다.'

'알바는 너를 더 영리하게'는 [너와 함께]라는 블로그에서 인용한 문구이다. 허드렛일부터 본 업무까지 열심히 일한 덕분에, 회사에서도 인정하여 정직원으로 채용되었다. 정직원이 되어 좋았지만, 한편으로는 밤에 수업받기가 어려워지니 꿈이 멀어져 가는 것 같았다. 하지만 3개월 정도 알바를 하면서 생산적인 제조업이 매력적으로 느껴져 계속 일하고 싶은 마음이 생겼다. 제조하는 공정을 보면서 완성된 제품이 나오면 신기하였다. 제조는 우리나라에서 꼭 필요한 기초산업으로, 앞으로 더욱 발전하고 오래갈 수 있는 산업이라 생각되었다. 업무가 증가하여 하나씩 배우면서 회사 전망에 대한 확신도 들었고 일에 흥미도 느껴, 시간 가는 줄 모르게 일에만 집중하게 되었다. 그러다 보니 교사의 꿈은 잊고 있었다.

회사가 커가는 속도가 점점 빨라져, 2년 후 공장 하나를 더 매입하여 새로운 공장이 가동되었다. 이쯤이면 업무가 얼마나 바쁘게 돌아갈지 상상이 되었을 것이다. 회사가 커가는 만큼 업무도 가중되었기 때문이다. 알바를 할 때나 지금이나 업무가 꽤 많다. 어차피 주어진 시간에 하는 업무이니 마다하지 않았다. 몰라서 하지 못하는 일은 윗사람으로부터 배우고, 때로는 저녁에 교육도 받으면서 맡겨진 일을 스스로 해결해야 직성이 풀리곤 했다.

인터넷이 보급되지 않았을 때이므로 정보를 얻으려면 발품을 팔아 관련된 사람을 만나거나 교육을 받아야 했고, 또한 책을 통하여 답을 찾았다. 이런 일들이 반복되면서 나의 업무는 확장되었고, 3년 정도 이렇게 일하다 보니 나도 모르게 성장하고 있었다. 부서장들과 소통하며 해결해야 할 중요 업무를 해결해나갔고, 부하직원들을 가르치며 협력해야 할 업무 또한 잘 처리해나갔다. 직원들과 소통하여 시너지를 도출하면, 업무에 자신감이 생겼고, 하는 업무가 적성에 맞는지 안 맞는지가 아니라, 열정적이면서도 성실하고 책임감 있게 팀워크로 일한 결과, 경영에서의 재능을 보이게 되었다. 재능이란 무엇일까? 국어사전에는 이렇게 씌어 있다.

"어떤 일을 하는 데 필요한 재주와 능력. 개인이 타고난 능력과 훈련에 의하여 획득된 능력을 아울러 이른다."

나의 타고난 능력인지, 아니면 훈련으로 획득된 능력인지는 모르겠으나,

매사에 긍정적이고 열정적이었으며 소통하며 책임감 있게 일하다 보니 지금까지 현역으로 일하고 있다. [너와 함께] 블로그에도 이런 말이 있다.

"세상은 무언가를 잘하는 것을 재능이라고 한다. 내가 보기에는 무언가를 열심히 하는 것 또한 재능이라고 생각한다."

'알바몬'에서 20대를 대상으로 설문 조사를 한 결과, 돈을 벌기 위해 시작한 알바가 재능을 발견하게 해준 사례가 가장 많았다고 한다. 그다음은 멘털관리 능력, 의사전달 능력이 알바 덕분에 향상되었다고 한다.

알바가 주는 꿈

"가장 높은 곳에 오르려면 가장 낮은 곳에서 시작하라."

– 퍼브릴리어스 사이러스(Publilius Syrus)

 초등시절, 나의 꿈은 교사가 되는 것이었다. 교단에 서서 제자들을 가르치고 싶었다. 단순히 지식만 전달하는 교사가 아니라, 때로는 친구처럼, 때로는 부모처럼 따뜻하게 대하며 제자들의 인생길을 안내하고 싶었다. 우리나라 미래 인재 육성에 동참하고 싶었다. 그러나 집안 환경이 허락해주지 않았다. 공부만 하고 있을 수가 없었다. 일과 공부를 병행해야만 했다. 그래서 취업 문을 두드렸으나, 취업 또한 난관에 부딪히게 되었다. 할 수 없이 알바를 선택해야만 했다.

 제조업 사무실에서 청소와 차 준비는 기본이었고, 총무, 경리, 보조업무를 하는 것으로 가장 기본적인 일부터 시작하게 되었다. 정규직이었다면 일이 너무 많아 불평불만을 일삼다가 그만두었을지도 모른다. 그러나 '잠시 하는 알바인데, 무슨 일을 하면 어때?'라고 생각하며, 늘 긍정적인 마음으로 주어진 업무에 최선을 다하였다. 하루하루가 즐거웠고, 보람이 있었다.

매일 아침, 출근하자마자 청소하는 것으로 하루를 시작했다. 청소를 하기 싫어하는 사람도 있지만, 난 주변이 깨끗하면 기분이 좋아지고 일하는 것도 즐거워졌다. 하루도 빠지지 않고 청소를 했더니 회사에서나, 가정에서나 일하기 전에 청소하는 것이 습관화되었다. 차 한 잔 준비하는 데에도 온 정성을 다하여 준비하였다. 또한 총무와 경리 보조업무에서 기초부터 탄탄하게 쌓아야겠다는 자세로 일했다. 허드렛일부터 본 업무까지 책임감 있고 성실하게 일한 덕분에, 인정을 받아 정규직으로 빠르게 전환하게 되었다. 교사가 되는, 미래의 꿈을 이루는 과정이기에 힘든 줄 몰랐다.

제조업에서 다양한 업무를 보면서 업무소통능력이 향상되는 것은 자연스러운 일이었다. 문제해결 능력도 생기고, 책임감은 물론, 일에 대한 열정과 자신감도 생겨 내가 주도하는 삶을 살아가게 되었다. 이렇게 다양한 업무로 인한 훈련이 밑바탕이 되어 회사에서 멋진 커리어우먼으로 승진해 보겠다는 꿈을 꾸기 시작했다.

알바는 본인이 꿈꾸는 직업이 아닌, 임시로 하는 일이라고 대부분 생각하고 있다. 나 또한 그런 생각으로 시작한 알바가 또 다른 꿈을 꾸게 해주었고, 그 꿈이 이루어져 부사장까지 승진하게 되었다.

다음은 베스트셀러 《나는 아르바이트로 12억 벌었다》의 저자 조인호의 30대 알바 이야기로, 방황하는 청년들에게 희망의 불꽃이 되고 있다.

"길이 보이는 한 걷지 않고 계속 뛰었다. 어느 일이든 한눈팔지 않고 성실하게 해냈다. 하지만 '이렇게 열심히 산다고 해서 주변의 대기업에 취직한 친구들 못 따라갈 텐데, 뭐 하러 이렇게 열심히 사나.' 하는 생각도 들었다. 하지만 너무나 바쁘게 살아가다 보니 나중엔 그런 잡념조차 끼어들 틈이 없었다.

남들이 하기 힘들어하는 새벽 신문 돌리기, 주유소 기름 넣기 등 각종 알바를 하면서 12억을 모았다. 알바하다가 지독한 시련과 마주한다. 시련에 굴하지 않고 꿈을 위한 수단이라고 생각하며, 끊임없이 발품을 팔며 노력하였다. 알바와 공부를 병행하며 마침내 원하는 꿈을 이룬 것이다.

대학교 방학 때 용돈을 벌 목적으로 우연히 시작한 라면 공장 막노동 현장에서 돈으로 인간의 가치를 좌우하는 냉혹한 사회 현실을 체험하였다. 대학에서 낭만을 즐기며 돈을 소비할 때 아르바이트로 번 돈의 소중함도 깨달았다."

조인호 씨는 이렇게 치열한 아르바이트 현장에서 여러 어려움을 극복하고, 종잣돈을 모아 재테크를 한 사람이다. 또한 도전과 실패를 거듭하면서 삶의 목표와 꿈을 이루기 위해 열정적인 삶을 살아간 사람으로, 알바생들에게 큰 감동과 용기를 주는 사람이다. 조인호 씨의 베스트셀러를 통해 알바가 주는 장점을 생각해보았다.

　첫째, 알바는 인맥과 돈이 없어도 얼마든지 할 수 있는 일자리다.

　둘째, 알바는 몸테크 하며 어렵게 모은 종잣돈으로 더 나은 미래를 준비할 수 있다.

　셋째, 젊어서 고생은 사서도 한다는 말이 있듯이, 알바는 다양한 경험을 하게 만든다.

　넷째, 알바는 자신의 적성을 점검할 수 있는 절호의 기회이며, 눈높이를 낮추면 청년 실업도 줄어든다.

　다섯째, 타인의 시선에 구애받지 않고 자신의 꿈을 향하여 꾸준히 달려간다면, 알바를 통해 자신이 원하는 삶의 목표를 이루게 되며, 성공도 할 수 있도록 만든다.

　브라이언 트레이시가 이런 말을 남겼다.

"꿈을 이루지 못하는 사람들에게는 핑계가 있고, 꿈을 이루는 사람들에게는 방법이 있다."

1990년대만 하여도 고등학교 또는 대학을 졸업하면 일자리를 얻는 것은 당연하다고 여길 만큼 취업 시장이 나름대로 여유가 있었고, 비정규직 단어는 쉽게 접하기 힘들었던 시대이다. 비정규직으로 입사한다 해도 일정 수습 기간이 지나면 자연스럽게 정규직이 되었다. 고용 불안도 느끼지 않던 시대였다. 알바는 그 시대, 낭만적인 노동이었다.

그러나 요즈음 청년 실업률이 역대 최고로, IMF 때보다도 더 참혹하다. 코로나로 인하여 청년 실업이 30만 명에 육박하는 우울한 현실을 겪고 있다. 취준생 청년실업이 넘쳐나고, 평생 직업이란 개념은 공무원 외의 직업에서는 사라지고 있으며, 조기 퇴직이나 명예퇴직도 일반화되고 있다. 이런 불안한 고용으로 인하여 공무원을 선호하게 되었다. 공무원 채용 인원수는 정해져 있는데, 응시자들이 많으니 탈락하는 사람도 많을 수밖에 없다. 치열한 삶의 현장에서 취업하기 위해서는 우선 알바로 다양한 경험을 쌓아, 자신의 능력을 최대한 발휘할 수 있도록 준비하는 것이 좋겠다.

알바를 하면서 힘들고 불편한 일들이 많았지만, 극복하면서 얻은 교훈들이 많다.

내가 사람들과 상호작용할 기회가 많아 대인스킬을 키웠다. 성실하고 책임감 있게 일하니 덩달아 나의 재능과 능력도 발휘되었다. 또한 회사에서 발생하는 다양한 문제에 대해 고민하면서 해결하니 문제해결 능력과 창의성이 향상됐다. 긍정적인 사고가 바탕이 되어 열정적으로 일하니 주도적인 삶을 살게 되었고 자신감도 얻게 되었다.

취업이 쉽지 않았을 때 잠시 해보겠다는 일자리를 찾아 알바를 하면서 또다른 꿈을 꾸게 되었다. 알바를 하기 전에는 몰랐다. 내 안에 경영자가 되고 싶은 꿈이 있는지를 전혀 몰랐었다. 인생이란 살아보기 전에는 미래를 모르는 것이었다. 알바를 통하여 내가 무엇에 관심이 있고 무엇을 잘하는지, 미래에 하고 싶은 일이 무엇인지를 알게 되었다. 교사의 꿈이 아닌 경영자의 꿈을 꾸게 될 줄이야 꿈에도 몰랐었다.

태어나면서부터 완벽한 사람은 없다. 아기가 누워 있다가 기어 다니고, 기어 다니다가 서게 되듯이 처음부터 높은 곳에 올라가 있지 않다. 한 계단씩 올라가다 보면 높은 곳에 올라가 있게 되는 것이다.
중국의 철학자 노자(老子)는 이렇게 말했다.

"큰 나무도 가느다란 가지에서 시작된다. 10층 석탑도 작은 벽돌을 하나하나 쌓아 올리는 것에서 출발한다. 천릿길도 한 걸음부터 시작이다. 마지막에 이르기까지 처음과 마찬가지로 주의를 기울이면 어떤 일이라도 탁월하게 해낼 수 있다."

자신만의 아름다운 역사를 써나가기 위해 꿈을 꾸며 도전하는 사람들이여! 알바가 인생의 터닝 포인트가 될 수 있음을 기억하기를 바란다. 가보지 않으면 모르는 것이 인생이고, 끝까지 가봐야 알게 되는 것이 인생이다. 지금 자신이 하는 일에 최선을 다하면, 현재 꾸고 있는 꿈은 언젠가 이루어진다.

03

투잡하는 사람들이 늘고 있다

"세상은 고통으로 가득하지만, 그것을 극복하는 사람들로도 가득하다."

– 헬렌 켈러(Helen Keller)

직장인 10명 중 1명은 투잡을 하고 있다. 일부 직장인들은 '평생직장은 없다.'라는 것을 몸소 느꼈다고 한다. 코로나19 사태가 장기화하면서 경기가 안 좋아지고, 경기 침체로 인한 불안정한 생활과 높은 자녀 교육비로 인한 생활비 부족으로 투잡하는 사람들이 점점 늘고 있다는 것이다. 그뿐만 아니라 고용 불안이 심화하고, 52시간 근무로 임금 감소와 근무시간 단축, 빨라진 퇴직 연령, 부동산 가격 상승률 대비 낮은 임금 상승률, 더 나아가 이른 은퇴를 꿈꾸는 파이어족 증가, 자기계발 욕구 충족, 100세 시대 준비 안 된 노후대책 마련 등으로도 투잡을 하고 있다. 또한 갑자기 투잡을 할 수밖에 없는 상황이 발생하기도 한다. 뜻하지 않게 사기를 당하여 경제적으로 어려움을 겪게 되자 투잡을 하게 된다.

투잡에서 알바의 종류도 다양하다. 성격이 조용한 사람에게 제격인 시험 감독, 돈도 받고 뷔페도 먹을 수 있는 하객 알바, 앉아있기만 해도 되는 인터넷 강의 촬영과 헤어 모델 알바, 고객인 척 물건 사는 미스터리 쇼퍼 등의 이색 알바도 있다. 또한 블로그, 재테크, 유튜브, 위탁판매, 쿠팡 파트너스, SNS 등은 직장인들이 투잡으로 선호하는 알바로, 손쉽게 수입을 창출하고 있다. 대리운전, 편의점, 카페, 음식점은 보편적으로 많이 하는 투잡이다. 그 외에도 상담사, 모닝콜, 카피라이터, 해외구매대행, 전단지 배포, 분양대행, 임대업, 휴대폰 딜러, 포토샵 체험단, 지식공유, 리뷰 영수증, 꽃배달 등 헤아릴 수 없이 많다. 아마 지금도 또 다른 이름의 알바가 탄생하고 있을지도 모른다. '꿀알바'라는 말도 생겨났다. 꿀알바란 근무 조건이 좋고 급료가 높은 알바로, 경쟁이 치열하고 구하기도 쉽지 않다.

투잡은 결코 쉬운 일이 아니다. 대부분 육체적으로 잠을 줄이고 몸테크로 시간을 투자하는 것이라, 건강을 해칠 수 있고 정신적으로는 강한 의지가 있어야 가능한 일이다. 특별히 대리운전 알바는 대부분 밤에 운전하기 때문에 졸음운전을 할 가능성이 있으므로 매우 위험한 알바라고 할 수 있겠다.

다음은 보이스피싱을 당하여 경제적인 어려움을 겪게 되자, 투잡을 하게 된 지인의 사례이다.

대출 상환기일이 되어 고민하고 있을 때 핸드폰이 울렸다. 모르는 번호라 처음에는 받지 않았다. 계속 벨이 울리자 받게 되었다. 통화내용은 코로나로 인하여 정부에서 가계대출 금리를 보조해 주는 상품이 출시되었다는 것이다. 기존 대출이 있으면 교체하라는 내용으로, 대출 상환 만기가 되어 고민하고 있을 때라 의심의 여지도 없이 설명을 다 듣고, 신청한다고 대답했다. 무엇보다 이자 부담을 줄여 부족한 생활비에 보탬이 되고자 했다. 서류 심사를 받은 후 적격이라는 연락과 함께 기존 대출을 먼저 상환하라고 했다. 대출금을 먼저 상환하면, 다음날 대출이 가능하다는 것이었다. 대출금 상환을 위해 부모님과 지인으로부터 돈을 빌려서 대출금을 먼저 상환하게 되었다. 상환 후 홀가분한 마음으로 하루를 보냈다. '코로나 시기에 어려운 서민을 위해 나라에서 혜택을 주는구나, 하늘이 무너져도 솟아날 구멍이 있다더니…….' 이런 제도가 생겨 감사하게 생각했다.

하루가 지나 연락이 오지 않자, 콜센터에 전화를 했다. 대출이 지연되고 있다고 하였다. 전화를 끊고 조금 이상한 기분이 들면서 뭔가 머릿속에 갑자기 밀려오는 불안감이 생겼다고 한다. 최초 대출을 받은 담당자에게 확인해 보니 대출을 안내한 적이 없다고 한다. 전화번호도 같았고 전화를 걸면 콜센터로 연결되니 의심할 여지가 없었는데 말이다. 직원이 "혹시 그쪽에서 보내준 링크를 눌러 통화하신 거 아닌가요?"라고 말한다. 그 순간 등에 식은땀이 나고 정신이 혼미해진다. 그제야 '보이스피싱'이었다는 것을 깨닫게 되었다. '맞다. 보이스피싱!' 상환된 돈만 챙긴 것이다.

대출 만기연장으로 인하여 바로 갚겠다고 빌린 차입금이 문제였다. 앞이 캄캄했다고 한다. '어떻게 해야 할지.' 퇴근 후 알바를 찾아보았다. 코로나로 물류 주문이 많아져 단기간에 돈을 많이 벌 수 있는 쿠팡 물류센터에서 하루 7시간씩 일하며 잠자는 시간을 줄였다. 빌린 돈을 갚으려고 쪽잠을 자면서 본업을 포함해 하루에 20시간씩 일하였다. 다행히 수입이 좋아서 단기간에 돈을 모아 모두 갚게 되었다. 이렇게 투잡하여 차입금을 갚았고, 약속을 지켜 신용을 잃지 않았다. 물류센터는 일손이 부족하여 아르바이트생을 계속 구하고 있었다. 투잡으로 경제적인 어려움을 극복하는 사람들이 의외로 많았다.

자영업자들도 많이 힘들어한다. 그들의 어려움은 인건비, 임대료, 각종 세금이 가장 큰 문제였다. 자영업이 많기도 하거니와 경쟁도 치열하다. 설상가상(雪上加霜)으로 코로나19가 장기화하면서 점점 버티기가 힘든 상황이 되었다. 이런 상황이 이어지다 보니 폐업하는 곳도 많아졌다. 다행히 투잡으로 경제적인 어려움을 극복하고 본업을 계속 운영하는 사람들이 있다.

다음 이야기도 지인의 사례다.

자영업을 하는 사람으로, 본업에 지장을 주지 않는 새벽을 활용하여 골프장에서 새벽 4시부터 5시간 정도 일하였다. 골프를 치지 않는 시간에 날마다 자라는 잔디를 깎는 일로, 젊은 층보다는 나이 든 은퇴자들이 많았다. 코로나로 인하여 골프 인구가 증가하였고, 1년 중 10개월 정도나 일할 수 있었으니 할 만했다고 한다. 근무시간과 비교하면 수입도 좋았으며, 오후에는 본업을 할 수 있었으니 알바 중에서도 선호하는 알바였다. 투잡으로 힘은 들었지만, 자영업을 운영하면서 발생하는 적자를 충당하여 정상적으로 운영하게 되었고, 노후대책까지도 준비 중이라고 한다.

마틴 부버(Martin Buber)는 이런 말을 남겼다.

"어려움이란 당신이 그것을 극복해야 한다는 것을 의미한다."

그렇다. 어려움이 없는 삶은 없으니 어려움이 닥치면 극복하면 되는 것이다. 요즘 시급이 갈수록 오르고 있어, 투잡하는 사람에게는 좋은 일이다. 추가 수입이 느니 삶의 질을 높일 수 있고 경제적인 안정을 가져다준다. 다양한 경험과 새로운 분야를 경험하면서 역량을 신장시켜 본업에도 적용할 수 있게 만든다. 새로운 사람들과 만나니 인적 네트워크가 형성되어 성공의 기회도 잡을 수 있게 된다. 또한 삶의 활력을 찾아 건강에도 도움을 준다. 이것이 투잡이 주는 매력이다.

필자가 회사에서 정규직원이 되었을 때, 평생직장으로 여기게 되었다. 생활을 안정적으로 할 수 있게 되어 편안한 노후보장을 목표로 주어진 업무에 충실하며 한 우물만 팠다. 그렇게 하여 열심히 번 돈과 대출로 집 장만을 하였다. 그 후, 얼마 안 가서 IMF가 터졌는데, IMF가 가져다준 시련은 매우 컸다. 기업이 무너지고 개인 파산도 많았다. 금융기업. 대기업이 흔들리니 중소기업은 말할 것도 없이 불안한 상황이었다. 한 달 한 달 살얼음판을 걷는 듯했다. 다행히 우리 회사는 중소기업인데도 어려움을 잘 극복하여 고비를 넘겼다. 그 당시 우리 가정의 가장 큰 문제는 대출금이었다. 원금과 이자로 한 달 받는 급료의 반이 지출되고 있었다. 어떻게 했을까? 흔한 말로 허리띠를 졸라매어 극복해낼 수 있었다.

IMF가 다시 오지 말라는 법은 없다. 이럴 때를 대비하여 나는 지출을 줄이고 수입의 절반을 저축하여 조금씩 돈을 모으기 시작하였다. 이렇게 모은 종잣돈은 투잡할 수 있는 밑천이 되었다. 중소기업이라 연봉이 높지 않았고, 대출이자와 원금을 조금씩 갚았기 때문에 생활하기에 바듯하였다. 본업 외에 수입을 창출할 수 있는 일을 고민하기 시작하였다. 고민한 끝에 모아둔 종잣돈으로 부동산에 투자하기로 했다. 워낙 적은 금액이라 투자하기는 쉽지 않았다. 그래서 돈에 맞는 투자처를 찾으러 부동산 공부를 하기 시작하였다. 쉬는 날이면 발품을 팔며 부동산에 가서 정보를 얻고 임장(현장에 다녀옴)도 다니며 투자를 준비하였다.

판단에 확신이 서면 빠르게 행동하는 편이다. 이론과 실전은 달랐다. 투자했다가 실패도 한 적 있지만, 실패를 교훈으로 삼아서 포기하지 않고 노력하였다. 시간이 지나고 수익은 조금씩 창출되었다. '티끌 모아 태산'이었다. 창출된 수입을 재투자하였다. 수익부동산에서 나오는 임대료가 생활에 보탬이 되었고, 미래를 준비하는 데 도움이 되었다. IMF 때 얻은 교훈으로 지금까지 공부하며, 부동산 투자를 투잡으로 여기며 노력한 결과, 경제적인 안정을 가져왔다. 경제적으로 안정이 되니 본업에 더욱 충실하게 되었다.

'한 우물을 파라.', '평생직장 대신 평생 직업을 가져라.'라는 시대는 저물어 가고 있다. 한 분야에만 전문가가 되기보다는 여러 분야에서 일하고 취미 생활도 병행하며 자아실현을 추구하는'N 잡러(여러 직업을 가진 사람)'가 확산하고 있다. 시대 변화가 갈수록 빨라지고 업의 경계가 흐려지며, 융합형 인재를 찾는 4차 산업혁명 시대에 새로운 고용형태가 자리매김하고 있다. 이렇듯 시대 흐름에 맞춰 본업 이외에 투잡을 넘어 N 잡러를 고민해 보기 바란다.

코로나 시대 알바로 극복하다

"길은 가까운 곳에 있다. 그런데 사람들은 헛되게도 멀리서 찾고 있다. 일은 하면 쉬운 것이다. 시작은 하지 않고 미리 어렵다고 생각하기 때문에 할 수 있는 일도 놓치는 것이다."

— 중국의 철학자 맹자

만 보 걷기는 내가 유일하게 하는 운동이다. 주중에는 안양천으로 오가며 출퇴근하고, 주말에는 이른 아침에 집 주변의 생태공원과 둘레길을 걷는다. 이곳은 청계산, 수리산, 모락산, 관악산이 동서남북으로 빙 둘러싸여 있고, 호수도 있어 운동하기 좋은 곳이다. 이렇게 주말에는 걸으면서 한 주를 정리하고, 새로운 한 주를 준비하였다. 이렇게 매일 실천했던 조금씩 걷기는 기초 체력 향상에 도움이 되어 코로나 극복에도 도움을 주었다. 자연이 주는 혜택으로 감사한 삶을 살고 있다.

안양천을 끼고 걸어 출근하다 보면 천변에는 들꽃들이 항상 환하게 미소를 지었고, 물속에서 오리와 백조가 노닐고 있어 내 눈을 호강하게 했으며, 라디오에서 흘러나오는 팝송은 언제나 귀를 즐겁게 했다. 공기도 상쾌했다. 걷기를 통해 활력도 생기고, 코로나로 답답한 마음도 치유되는 출근 시간이다. 감미로운 팝송과 함께 중간중간 시청자 사연, 좋은 시. 책에 담긴 좋을 글이 소개되었다. 그날따라 라디오에서 들려주는 사연이 코로나로 인하여 어려움을 겪고 있는 사람들에게 희망을 주는 메시지였다. 귀를 쫑긋 세우고 사연에 귀를 기울였다.

"대학생을 가르치는 대학 강사로 한 가정을 책임지는 가장입니다. 그런데 코로나로 인하여 강의장이 폐쇄되었습니다. 물론 강의도 폐강되었습니다. 예전에 사스(SARS)나 메르스(MERS)처럼, 코로나도 잠시 왔다가 지나갈 거로 생각했습니다. 그러나 1~2년이 지나도 그칠 줄은 모르고 점점 확산이 되어 사라질 기미는 보이지 않으니 삶이 점점 힘들어졌습니다. 외부 활동을 하기 어려울 때이므로, 다른 일을 해봐야겠다는 시도는커녕 생각조차도 하지 못했습니다. 점점 정신적으로도 견디기 힘든 지경에까지 이르렀습니다.

대학 강단에서 학생만 가르쳐왔던 강사로 강의밖에는 할 만한 일이 없었습니다. '코로나가 곧 끝나겠지, 조금만 더 버티자!'라는 마음이었지만, 현실은 아주 냉혹했습니다. 수입이 없으니 줄여야 할 게 많아져, 때로는 식사를 거르기도 했습니다. 모든 것에 아끼고 최소 비용으로 생활했습니다. 급기야 최소 비용을 쓸 돈도 없는 상황이 되어버렸을 때, 이제는 안 되겠다는 생각에 알바를 알아보기 시작했습니다.

코로나로 직업을 잃은 사람도 많고, 사라진 직업도 많았지만, 또 다른 직업도 많이 생겼습니다. 그중의 하나가 음식배달입니다. 코로나로 가정에 머무는 시간이 많아지다 보니 음식 주문이 늘었습니다. 집마다 배달음식이 끊이지 않았습니다. 배달이 증가하다 보니 배달 알바 모집하는 곳도 많았습니다. 그동안 배달을 해본 적이 없었지만, 지금 상황으로는 무슨 일이라도 해서 돈을 벌어야 하므로, 배달일이 있는 것만으로도 고마운 일이었습니다. 바로 시작하여 생활비를 충당하다 보면, 곧 본업으로 돌아가 대학 강단에서 강의할 수 있을 것으로 생각했습니다. 그러나 코로나가 점점 더 확산하면서 본업으로 돌아가는 것은 멀어져 가고 있었습니다.

그래도 다른 방법이 없으니 배달 일을 열심히 해보겠다는 각오로 연일 배달 일에만 집중하였습니다. 음식배달을 하면서 어려움도 많았고, 에피소드도 생겼습니다. 늦게 도착한 음식을 다시 돌려받기도 했고, 치킨 배달에서 소스를 하나 빠뜨려 다시 갖다 줘야 했으며, 배달된 음식이 다른 집과 바뀌어 교환한 적도 있었습니다. 배달 알바가 수입은 괜찮은데, 눈이 오거나 비가 오면 차도를 달릴 때 위험하다 보니 코로나 초기에는 배달하는 사람이 많이 부족하였습니다. 그러나 주문량은 하루가 다르게 점점 증가하여 배달 일에 익숙하지 못해 여러 번 실수하게 되었고, 잦은 실수로 인해 문제도 많이 발생했습니다. 음식배달을 저 혼자만 했겠습니까? 이후, 배달 알바의 문제점 개선으로 배달 사업이 빠르게 성장하였고, 배달이라는 인식도 좋아져 배달 일을 하려는 사람들이 많아졌습니다.

배달일이 힘들기도 했지만, 보람이 있기도 했습니다. 배달음식 도착을 알리는 벨을 누르면 어린아이들이 "왔다, 왔어!"라고 하는 소리가 들렸습니다. 이 소리는 음식을 기다렸다는 것으로, 기분이 좋아졌습니다. 문을 열면 아이들이 기뻐하는 모습과 더불어 "감사합니다. 잘 먹겠습니다." 하는 말에 마음이 따뜻해지고 힘도 났습니다. 반면에 때로는 막말하거나 무시하는 경향도 있어서, 몸이 힘든 것보다 마음이 더 힘들 때도 있었습니다. 하지만 사람들 대부분은 배달 갔을 때 '감사합니다. 힘내세요.'라고 응원 메시지를 많이 주고 따뜻하게 대해 주어 감사하고 보람도 있었으며 힘을 낼 수가 있었습니다. 이렇게 배달 알바로 열심히 일한 결과 생활비를 벌어 생활이 안정되었고, 다시 일상으로 복귀할 수 있었습니다. '위기는 곧 또 다른 기회'이며, 그 기회를 붙잡아 용기 있는 도전으로 자신을 성장시킬 수 있다는 것을 깨달았습니다. 코로나로 인하여 어려움이 다시 온다고 하여도 불안해하지 않고 무슨 일이든지 할 수 있겠다는 자신감이 생겼습니다."

이 사연을 들으니 예전에 어려웠던 기억이 떠오르며 가슴이 뭉클해졌다. 그리고 기풍 선생의 명언이 생각나, 잠시 걸음을 멈추고 생각에 잠기었다.

"이 세상이 고통과 어려움으로 가득하더라도, 그것을 극복하는 힘도 어려움만큼 가득하다. 당장 뭘 해야 할지 알 수 없는 막막한 순간, 이를 악물고 버티는 순간, 누군가가 응원해 주는 말 한마디가 큰 힘이 됩니다. 오늘도 따뜻한 마음으로 오늘 하루 여러분을 응원합니다. 힘내세요."

다시 걷다 보니 어느새 회사에 도착하였다. 이어폰을 빼려는데 희망을 주는 사연이 하나 더 소개되었다. 다시 귀를 기울였다. 중·고등학생들을 가르치는, 학원을 운영하는 원장님의 사연이었다. 코로나로 인하여 학원이 폐쇄되는 곳이 많아져 버티고 버티다가 경영난이 더 심각해지자 문을 닫으려고 했었다고 한다. 그런데 20년 동안 학원을 경영해 왔고, 학원 경영이 삶의 전부였는데, 문을 닫기에는 아쉬움이 많았다. 그래서 고민 끝에 방법을 찾아보기로 하면서, 어려운 시기를 잘 버티면 살아남을 수 있겠다는 생각이 들었다. 고민하고 또 고민하다가 번득 떠오른 생각이 온라인 강의였다고 한다.

책을 보며 동영상으로 독학하여 플랫폼을 만들고 오프라인 강의를 온라인 강의로 전환하였다. 온라인 플랫폼을 제작하면서 온라인으로 또 다른 알바를 할 수 있다는 것을 알게 되었다. 도매 사이트에서 올라온 상품 중에서 괜찮은 상품을 골라 쇼핑몰에 올려놓아 구매로 이어지면 중간 수수료를 받는 일로, 틈나는 시간을 활용할 수 있는 알바였다. 처음에는 수입이 적었지만, 꾸준히 시간을 투자하다 보니 재미도 있었고 수입도 조금씩 늘었다고 한다.

장기간 코로나로 인하여 발생한 학원 경영난을 온라인 강의로 전환하여 극복하였고, 쇼핑몰에서 번 돈으로도 충당하였다. AI 쇼핑몰(아이템소싱, 등록, 주문, CS, 배송, 정산)에서 해외 구매대행까지 하면서, 자신이 하고자 하는 분야에 관심을 두고 도전하면 얼마든지 돈을 벌 수 있는 길을 찾을 수 있다고 했다. 이렇게 온라인 수업과 알바를 통해서 학원 운영을 지속하게 되었고, 알바는 보너스로 준 특별한 선물 같았다고 한다. 위기로 인해 도전으로 이어졌고, 도전을 통해 헤쳐나갈 방법도 찾았으며, 그 결과로 힘든 줄 모르고 즐겁게 학원을 운영했다. 코로나로 인한 위기 속에서도 기회가 있었다는 것을 새삼 느끼며, 새로운 변화에 도전하여 성공하면서 일과 삶에 대한 자신감도 생겼다고 한다.

코로나 시대에 필자는 월급을 받아 경제적으로는 큰 어려움을 겪지는 않았지만, 회사에는 여러 어려움이 닥쳤다. 직원이 코로나에 걸리면 생산과 납품 기한에 지장을 주기 때문에, 위생 관리에 역점을 두고 주 단위로 철저한 소독과 자가 검사를 하게 했다. 불필요한 잡무 금지로, 생산일수 주 1회를 단축하고, 주 3일 휴식으로 회사는 비용을 절감하고, 사원은 휴식을 통해 건강관리를 잘할 수 있도록 했다. 사원에게만 요구한 것이 아니라 나 또한 철저한 위생 관리로, 코로나가 한창 심할 때 해외 출장을 두 번이나 코로나에 걸리지 않고 무사히 다녀왔다. 주변에 코로나에 걸린 사람들이 많이 있었지만, 위생 관리를 철저히 하여 잘 극복해내었다. 당시 필자처럼 코로나 검사를 20회 이상 받은 사람은 드물 것이다.

코로나19는 여러 면에서 많은 어려움을 주었다. 경제적으로 어려움을 준 것은 물론 심리적인 불안과 멘털까지 무너지게 했다. 우울증과 코로나 후유증으로 고통을 호소하는 경우도 많았다.

알바는 경제적 극복을 넘어 정신적 멘털관리도 할 수 있도록 도왔다. 긍정적인 마인드로 코로나 시기를 잘 극복한 분들에게 박수를 보낸다. 아직도 코로나블루에 갇혀 있다면 속히 벗어나길 바라며, 빠르게 변화하는 시대에 맞춰 앞으로 더 많은 변화에 대응해나가길 바란다.

젊은 세대가 사라지는 중소기업

"어떤 일에 열중하기 위해서는 그 일을 올바르게 믿고, 자기는 그것을 성취할 힘이 있다고 믿으며, 적극적으로 그것을 이루어 보겠다는 마음을 갖는 일이다. 그러면 낮이 가고 밤이 오듯이 저절로 그 일에 열중하게 된다."

– 데일 카네기(Dale Carnegie)

젊은 세대라면 1980년~2000년생의 MZ세대를 말한다. MZ세대의 특징은 우리나라 금융 산업의 판을 뒤흔들고 있는 세대로, 소비와 투자에도 적극적이어서 주식과 암호화 화폐 상승장을 이끌고 가는 세대이다. 그리고 다른 세대에 비해 개인주의 성향이 강하고 세계화 디지털 기술을 잘 다루는 세대이기도 하다.

또한 수직적인 문화가 아니라, 수평적인 문화를 지닌 세대로서 소통하는 것을 선호한다. 소통하는 방법도 전화보다 문자로 하며 개인의 개성과 취향을 서로 존중해 준다. 워라벨의 영역을 구분하길 원하며, 재테크에도 관심이 많다. 사회적 가치에 중점을 두고 개성을 잘 나타낼 수 있는 소비를 한다. 트렌드에 빠르고 새로운 소비 주체로 떠오른다. 경제구독 시스템에 익숙한 세대이다.

MZ세대가 일하고 싶은 곳은 워라벨이 보장되고, 월급과 성과보상체계가 잘 갖춰진 기업이며, 정년 보장과 안정적으로 일할 수 있는 기업이다. 또한 기업은 물론 개인도 발전 가능성이 있고, 기업문화가 수평적이고 소통이 잘 되는 기업을 원한다.

국가통계포탈 사이트(KOSIS)에서 중소기업 관련으로 조사한 결과, 기업 중에 99%가 중소기업이고, 종사자 중에는 76%가 중소기업에서 근무한다고 한다. 숫자만 봐도 중소기업과 종사자 수는 우리나라 기업에서 큰 비중을 차지하고 있다는 것을 알 수 있다. 이렇게 중소기업이 큰 비중을 차지하는 만큼, 고용 창출도 많이 일어나고 있다.

하지만 고용 창출에 비하면 중소기업이 안정적으로 운영되는 것은 아니다. 중소기업의 경영환경을 비유한 말로, '여리박빙(如履薄氷)'이라는 말을 선정할 정도이다. 즉 중소기업이 살얼음을 밟고 있는 것처럼 아슬아슬하게 운영되고 있다는 것이다. 이유는 무엇일까? 중소기업은 대기업보다 연봉이 낮고, 복지제도가 다양하지 못하며, 열악한 근무환경과 체계적이지 못한 업무시스템, 낮은 인지도로 인하여 다수의 취업 예정자들이 공기업과 대기업의 문을 두드리고 있기 때문이다. 젊은 세대는 안정적인 공기업과 연봉이 높은 대기업을 선호하고 있다. 그 결과 중소기업에서는 채용 기회조차 얻지 못하고 있어, 젊은 인재 찾기가 어려운 실정이다.

중소기업 중에서도 가장 많은 비중을 차지하는 제조업은 인력문제가 매우 심각하다. 저출산과 고령화로 노동인구가 감소하였고, 취업자들이 보수와 복지혜택이 더 좋은 곳으로 이동하기 때문이다. 제조업은 3D, 즉 '어려움(Difficult), 더러움(Dirty), 위험함(Dangerous)'이라는 부정적인 이미지도 한몫한다. 하지만 제조업은 우리나라 경제발전에 바탕이 되는 기초산업으로 존재해야 하고 존중받아야 하는 매우 중요한 기초산업이다.

중소기업의 현실을 바탕으로 제작하여 열악한 현실을 적나라하게 보여주는 웹드라마 '좋좋소'를 보고 나면 외상후스트레스장애(PTSD)가 올지도 모른다는 말이 있다. 이 말은 중소기업의 열악한 현실을 보고 충격을 받을 수 있다는 데서 나온 말이다. 중소기업에 들어갈 생각이 있다면 백신을 맞듯 꼭 시청하라는 말도 있다. '좋좋소'는 중소기업을 비꼬는 단어로 '소기업'에서 비롯된 말이다.

　이 웹드라마에서 중소기업 '정승 네트워크'에 취업한 29세 사회 초년생 주인공 조충범을 통해 청년 취업난부터 취업 후 펼쳐지는 여러 난관을 주로 다루고 있다. 일부 열악한 중소기업의 현실을 적나라하게 비추어주고 있으니 노동 환경에 문제가 있는 중소기업 직장인들의 고발이 자연스레 잇따랐다. 면접마다 고배를 마시던 주인공은 "당장 면접 보러 올 수 있냐?"라는 전화를 받고, 면접장으로 간다. 사장은 자기 자랑만 늘어놓더니 대뜸 "노래 한번 해봐라."라고 주문한다. 노래로 그 사람의 추진력을 평가하겠다는 게 사장의 주장이다. 마지못해 노래를 부른 주인공 조충범은 내일부터 출근하라는 통보를 받는다. 얼떨결에 일을 시작하지만, 잡일과 갑질을 버티지 못해 도망친다. 다른 일자리를 구하려고 노력해 보지만, 받아주는 곳이 없어 다시 돌아온다. 인성 나쁜 차장, 무능력한 과장, 회사에 관심 없는 대리, 회사에서 게임만 하는 사장 조카인 이사, 그리고 동료들로, 이야기마다 중소기업의 현실을 적나라하게 풍자하고 있다. 이렇게 '좋좋소' 웹드라마를 통하여 일부 중소기업의 현실을 잘 보여주고 있는데, 중소기업의 고질적인 여러 문제를 해결해야만, 젊은 세대들이 중소기업으로 모여들 것이다.

대기업에 비교하여 중소기업이 단점만 있는 것은 아니다. 중소기업은 직무 범위가 넓어 다양한 경험을 할 수 있고, 일 잘하는 사람은 입사하자마자 인정받아 승진할 기회가 많다. 또한 취업 경쟁률이 대기업이나 공기업에 비해 낮아 쉽게 취업할 수 있다. 회사 규모에 따라 연봉이 높은 곳도 많으며, 시스템을 잘 갖춰 놓은 회사도 많아 온라인 강의 수업을 통해 성장할 기회도 많다. 취업할 때 대기업인지 중소기업인지를 볼 것이 아니라, 자신의 목표가 무엇인지를 먼저 점검하고 지원한다면, 중소기업에서도 얼마든지 자신의 꿈을 펼칠 수 있을 것이다.

'젊은이여! 무슨 일이든 보람 있는 일에 한번 미쳐 볼 용기와 슬기를 가져보라.'

중소기업을 살리기 위한 정부 정책이 다양하게 나오고 있다. 특별히 제조업에서 젊은 세대 채용을 위해 '내일채움공제, 장려금 지원, 청년 구직활동 지원금, 중소기업 탐방프로그램 운영, 청년 일 경험 지원, 청년취업아카데미 등' 정부가 내놓고 있는 정책들이 많다. 또한 중소기업 이미지 개선을 위한 '중소기업 컨설팅'으로, 경영 활동상의 문제점을 발견하고 개선하고 있다.

우리나라는 중소기업이 차지하는 비중이 높은 만큼, 중소기업을 위한 다양한 정책 실현으로 사라지는 젊은 세대가 중소기업의 문을 두드릴 수 있도록 해야 할 것이다. 또한 청년 취업자가 안정적으로 일할 수 있도록 일한 만큼 받는 임금, 고용 안정성, 근로시간 단축, 노동조합, 후생복지 등 근로조건의 개선이 필요하다.

중소기업에 대한 젊은 세대들의 인식 개선과 젊은 세대를 받아들일 중소기업의 CEO를 비롯한 임직원의 인식 개선도 매우 중요하다. 중소기업이 살아야 국가 경제와 지역경제가 살아날 것이고, 근로환경이 개선되어야 젊고 우수한 인재들이 중소기업을 찾을 것이다. 그러므로 중소기업은 정부의 정책에만 의존할 것이 아니라, 중소기업 차원에서 해결해야 할 문제들은 스스로 해결할 필요성이 있다.

중소기업에서 오랫동안 일해 본 사람으로서 말하고 싶은 것은 중소기업에서 젊은 세대(MZ세대)를 채용하기가 어렵다는 것이다. 특히 제조업에서는 더욱 그렇다. MZ세대가 아무리 열심히 일하겠다고 해도, 그들이 원하는 조건에 부합하지 못하기 때문에 충성심을 발휘하기가 힘들다.

중소기업도 시대의 흐름과 변화를 받아들여야 한다. 젊은 세대(MZ세대)들은 중소기업에서 다양한 업무를 접하며 경험을 쌓기 위해 잠시 머무는 직장으로 생각하고 있음을 중소기업에서는 알아야 한다. 그리고 젊은 세대들의 창의적인 업무 방법을 계속 적용하여 지속할 수 있도록 해야 한다. 또한 조기 은퇴자 중 양질의 인력을 채용하여 백업으로 이어질 수 있도록 해야 한다. 기존 직원에게 온라인 학습 등 다양한 방법으로 업무교육도 해야 한다.

회사의 조직정비도 시대 변화에 맞게 받아들여야 한다. 턱없이 부족한 인력을 충당하는 방법으로는 시니어들을 채용하는 것이다. 지금은 시니어 학습 시대다. 시니어들이 다양한 학습으로 취업을 준비하고 있는데, 그들은 경험도 많아 적절하게 채용하여 일하게 한다면 중소기업에서 시너지가 발생할 것이다. 젊은 세대가 사라진다고 해서 두려워하지 말고, 시대에 맞춰 방법을 찾고 기업문화를 바꿔야 한다. 중소기업이 살아야 대기업이 살 수 있고, 대기업이 살아야 나라의 경제가 튼튼해진다.

《세이노의 가르침》 중에 이런 말이 있다.

"어느 직업을 가졌든, 세상으로부터 더 많은 경제적 대가를 얻어내려면 그 대가를 결정하는 세상이 무엇을 원하는지를 알고 있어야 한다."

06

용의 꼬리보다 뱀의 머리가 낫다

"자존감은 한 사람이 끊임없이 발전할 수 있도록 이끄는 원동력이자 소중한 도구다. 그것은 사람이 찬사와 명성을 추구하고 성취하도록 고무시켜 인생의 최고점에 도달하게 해준다."

— 장 자크 루소(Jean-Jacques Rousseau)

입사했을 당시 직원은 20명 정도였다. 회사 환경은 매우 열악했고 시스템도 갖추지 못한 작은 중소기업으로, 할 일들이 많았다. 그래서 회사를 위한 일이라면 무슨 일든지 가리지 않고 했다. 그런데 문제가 하나 있었다. 일과 공부를 병행해야 했기 때문에 회사와 학원을 오가느라 늘 시간에 쫓겨야 했다. 시간을 절약하기 위해 두 가지 일을 동시에 하는 때도 있었다. 교사가 되는 꿈을 이루는 것이 오직 삶의 목표였기 때문에 힘들어도 힘든 줄을 몰랐다.

그런데 회사에 일이 점점 많아지면서 개인 공부보다는 회사 일을 더욱 많이 하게 되었다. 이렇게 회사 일에 비중을 더 두게 되면서, 교사가 아닌 다른 꿈을 꾸게 되었다. 그것은 바로 경영자가 되는 꿈이었다. 그 당시 회사가 성장하는 시기였고, 성장에 따른 새로운 업무도 많아져 닥치는 대로 일하면서 업무처리능력이 향상될 때였다. 다양한 업무를 보면서 얻은 자신감으로 새로운 꿈을 꾸게 되었다. 경영자로서 일할 수 있겠다는 생각이 든 것이다.

입사할 때는 '용의 꼬리보다 뱀의 머리가 낫다.'고 생각하지 못했다. 그런데 열심히 일하여 알바생이 정직원이 되었을 때부터는 생각이 달라졌다. 나도 경영자가 될 수 있겠다는 생각을 하게 됐다. 정직원이 되었을 때, 알바로 일할 때의 잡무부터 주요 업무까지 가리지 않고 일했으니 업무가 얼마나 많았을까! 중소기업 특성상 여러 가지 업무를 할 수밖에 없는 구조이기도 했지만, 내 성격상 내 일이 아니라고 그냥 두고 볼 수는 없었다. 그래서 미친 듯이 일했다. 연봉을 올려준 것도 아니고 특별한 복지혜택을 더 준 것도 아닌데, 연장근무가 잦아 퇴근 시간이 늘 불규칙할 정도로 일을 많이 했다.

이때 회사 규모가 점점 커지면서 새로운 업무도 생겼다. 새로운 일을 배우다 보니 나의 업무 범위는 더욱 넓어졌고, 새로 배우는 일들이 재미있어 즐겁게 일하면서 업무에 자신감도 생겼다. 어차피 누군가 해야 할 일들이기에 적극적으로 나서서 일한 덕분에 짧은 시간에 다양한 업무를 배울 수 있었고, 처음 접하는 일에 대한 두려움도 사라졌다. 이렇게 배우면서 일할 수 있는 것이 즐거웠고, 하는 일마다 성과가 있어 개인적으로 빠르게 성장할 수 있었다. 이렇게 성장하다 보니 자존감까지 높여 주었다. 중소기업의 장점인 다양한 직무 경험을 쌓으면서 인정도 받게 되었다. 일반 사원이 경영자가 하는 일까지 했으니 인정을 받을 수밖에 없었다.

일에 대한 즐거움과 자신감은 리더가 되는 목표를 갖게 했다. 용의 꼬리보다 뱀의 머리가 낫지 않은가? 내가 그동안 생각해온 대로 뱀의 머리로 일하게 되었다. 생각해보면 초등시절부터 중·고등학교 시절에 늘 앞장서서 리더로 활동했었다. 회사는 빠르게 성장하였고 나도 회사와 함께 성장하여 팀장으로 일하게 되었다. 이렇게 자연스럽게 리더가 되어 팀원들과 함께 기업의 목표에 부합하도록 열심히 일하면서 리더로서 한몫했다. 큰 회사에서 일했다면 은퇴하는 날까지 사원으로 일했을 것이다.

입사 10년 후, 태국 방콕에 해외 지사가 설립되었다. 국내에서는 대기업인 삼성전자가 주 고객이었고, 해외에서는 엘지전자가 주 고객이었던 때다. 설립된 해외공장이 가동될 수 있도록 시스템을 구축하여야만 했다. 1990년대에는 중소기업의 해외 진출은 많지 않았었다. 국내에서 제조업이 왕성하게 성장하였기 때문에 해외까지 진출할 생각을 하지 못했다. 환경이 열악한 동남아 진출은 더욱 선호하지 않았었다. 하지만 우리 회사는 동남아에 공장을 세우면 인건비가 저렴하여 이익 창출을 할 수 있겠다는 생각으로, 1993년도에 해외 지사를 설립하게 된 것이다. 이때 해외 공장설립 시 공장 시스템을 구축하는 것은 본사의 일이었다. 중소기업인 본사는 가용인원이 적고, 한 사람이 여러 업무를 맡다 보니 해외지원이 만만치 않았다. 그리고 해외 출장 기간은 최소 1주일 이상으로, 귀국하면 밀려 있는 업무까지 처리해야 하는 상황이었다.

이 해외 지사 회계업무를 볼 적임자로 필자가 지명되어 가게 되었다. 여러 면에서 걱정이 되었다. 해외에 가본 적도 없고, 태국 언어도 모르며, 아이는 두 살로 매우 어렸다. 그러나 이 모든 것이 마음에 달린 것이었다. 해외 가본 적이 없으니 가면 되고, 태국 언어를 공부하지 않았으니 모르는 게 당연했다. 지금부터 준비하면 될 일이었다. 이렇게 해외로 출장 갈 기회가 왔을 때, 가면 될 것이었다. 그런데 한 가지는 아무리 생각해도 쉽게 해결되지 않았다. 바로 아이 문제였다. 그동안 출근했을 때는 어머니가 돌봐 주셨고, 퇴근 이후에는 내가 돌보았는데 해외로 출장을 가면 밤에 돌봐야 하는 것이 문제였다. 아이가 밤에는 엄마와 떨어지려 하지 않기 때문이다. 일단 어머니께 부탁하기로 하였다. 돌봐 주신다고 대답하셔서 부탁을 드리고 해외 출장 절차를 밟았다. 회계업무는 전문용어가 많아 공부하지 않고는 갈 수 없었다. 그래서 출장 가기 전 전문 학원에 가서 어느 정도 배우고 가게 되었다.

해외로 출장을 준비하면서 나 자신에게 이렇게 말했다. '1만 시간의 법칙이 나의 경력 10년을 말해 주는 것이야. 그동안 업무팀장으로 기초업무 능력을 모두 갖추었으니 해외 회계업무 시스템을 구축하는 데 문제없어.'라고.

첫 해외 출장으로 비행기를 탔다. 해외 업무에 대한 두려움을 안고 출발

했다. 기내에는 출장 가는 사람보다 단체여행 가는 사람이 더 많았다. 모두가 즐거운 표정으로 기내방송이 나와도 개의치 않고, 여행을 떠난다는 즐거움으로 만끽하는 모습이었다. 하지만 나는 온통 긴장과 두려움 그리고 아이를 두고 온 안타까움으로 가득했다. 내 손에는 여전히 A4용지에 회계 전문용어가 영어로 빼곡히 적혀 있고, 하나라도 더 외우느라 옆을 돌아볼 여유도 없었다. 그런데 한편으로는 언제나 그랬듯이 새로운 일은 부담스러우면서도 가슴 설레고 기대되는 일이었다. 해외 출장으로 그런 마음은 더욱 크게 느껴졌다. 드디어 태국공항에 도착하였다. 날씨는 무더운 데다가 태국 특유의 냄새까지 나 외국에 온 느낌이 물씬 들었다.

태국의 아유타야 지역에 있는 로자나 공단에 도착하여 업무가 시작되었다. 회계업무 외에도 기본적으로 해야 할 업무가 많았다. 출장은 10일 기간 내에 업무를 마치고 빨리 귀국해야 하므로, 업무를 빠르게 처리해야 했다. 해외 업무는 국내 업무와 다를 줄 알았는데 문화와 언어 그리고 법규가 다를 뿐, 기본 시스템 구축업무는 별다를 게 없었다.

열심히 공부하여 준비한 것은 일하는 데 소중한 자료가 되었다. 회계업무 시스템은 물론이고 그 외 총무업무까지도 시스템을 만들었다. 큰 회사에서 한 가지 업무만 전문적으로 하였다면, 이런 기회에 도전하지 못했을 것이며, 도전했다 하더라도 일 처리를 제대로 하지 못했을 것이다. 작은 회사에서 다양한 업무로 경험을 쌓은 덕분에 자신감 있게 해외에서 새로운 업무를 처리했다. 이렇게 해외 업무를 처리한 경험으로 더욱 성장하게 되었고, 이를 계기로 하여 주요 임원이 되어 회사를 주도적으로 이끌게 되었다.

중소기업에서 40년 가까이 일할 수 있었던 것은, 늘 배우면서 일한 덕분이었고, 주도적으로 일을 찾아서 했기 때문이다. 그래서 재직하는 동안 어려움보다는 즐겁게 일한 적이 더 많았었다. 일이 즐겁지 않았다면 어떻게 오랫동안 일할 수 있었겠는가!
토머스 에디슨이 이런 말을 했다.

"나는 평생 단 하루도 일하지 않았다. 그것은 모두가 재미있다는 놀이였다."

필자 또한 일을 일이라고 생각하지 않고 즐거운 놀이처럼 했기 때문에, 40년을 1년 같이 일한 것이다.

07

뿌리산업에서 여성 임원이 되다

"당신만이 느끼고 있지 못할 뿐, 당신은 매우 특별한 사람이다."

– 데스몬드 투투(Desmond Mpilo Tutu)

갓 입사했을 때는 금형과 사출이라는 단어조차 생소했고, 무슨 일을 하는 기업인지도 몰랐었다. 그런데 일을 시작하면서 뿌리산업인 금형을 제조하는 기업이라는 것을 알게 되었다. 일하는 사람들은 대부분 기술자였고, 기술을 배우려는 사람들도 많았다. 기술을 배우고 나면 기술자로서 자부심도 대단하였다. 사무실에는 소수 인원이 근무했다. 그 당시 산업이 성장하는 시기로 제조업 중 금형과 사출의 성장이 빠른 시기였다. 우리 회사도 이때 빠르게 성장하면서 긴급하게 직원이 더 필요하여 알바로 필자를 채용했다는 것이다.

뿌리산업이란 6대(주조, 금형·사출, 소성가공, 용접, 열처리, 표면처리)

부품 또는 완제품을 생산하는 제조업의 기초공정 산업이다. 금형 중에서도 플라스틱 금형에 대해 구체적으로 설명하면, 동일형태 사이즈의 제품을 대량으로 생산하기 위하여 금속재료로 된 틀을 제작하는 기술로 플라스틱 금형, 프레스 금형, 특수금형 기술이 이에 포함된다. 플라스틱 사출은 플라스틱 수지를 녹여서 원하는 제품으로 성형하여 만드는 제조 방법을 말한다. 자동차와 선박, 항공, 철도, 산업기기, 스마트폰 프레임, 사무용품, 가정용품 등 너무 많아서 나열하기 어려울 만큼 무수한 분야에서 사용되고 있다.

알바생이었는데, 왜 그렇게 열심히 일했을까? 월급을 더 준다고 한 것도 아니고, 열심히 일하면 빨리 승진시켜준다고 한 것도 아닌데 말이다. 무엇을 위해 그렇게 열심히 일했을까?

주위에서는 "알바생이 너무 열심히 일하네. 적당히 하지!"라는 말도 했다. 그러나 받는 만큼만 일하면 된다는 말은 내 사전에는 없었다. 그렇게 열심히 한 일들은 경력이 되었고, 경력이 쌓여 능력이 되면서 능력을 인정받아 정직원이 되었다.

회사가 성장하면서 필자도 함께 성장해나갔다. 금형 회사에서 필요한 기초업무 시스템구축을 위해 동참하면서 나도 발전하였다. 입사한 지 5년 후에는 가까운 곳에 사출 본사와 지방에 지사도 설립되었다. 규모는 작았지만, 같은 업무를 여러 번 반복해야 하므로 업무는 더욱 증가하였다. 사업장이 한 곳씩 늘어날 때마다 시스템구축은 물론, 신규 사업장에 맞는 업무로 적용해 나갔다. 또한 해외 지사도 설립하게 되었다. 그리고 본사, 지사, 해외 지사를 통합관리하는 시스템도 구축하였다. 20년간 쌓은 경력과 업무능력으로 책임감 있게 일한 결과, 팀장으로 승진했다.

열심히 일한다고 하여 모두가 인정받고 승진하는 건 아니다. 특별히 여직원 승진은 많이 인색하다. 일하는 데 많은 제약이 따르기 때문이다. 가장 큰 문제가 육아 문제이다. 나 또한 직장에 다니면서 가장 힘들어했다. 퇴근 시간이 일정하지 않았고, 주말에도 업무가 많아 출근하는 경우가 많았으며, 해외 출장도 잦았기 때문이다. 틈나는 시간이 있으면 경영 관련 자료를 찾고 공부도 해야 했다. 이렇다 보니 아이를 돌볼 시간이 턱없이 부족하였다. 아침저녁으로 눈도장 찍는 게 전부였다. 아이에게 너무 미안해 사표를 내려고 여러 번 고민도 했었다. 그럴 때마다 어머니께서 아이를 잘 돌봐 주시겠다고 하시면서 용기를 주셔서 일하는 데 큰 무리는 없었다. 어머니가 계셔서 마음 놓고 일에 더욱 집중할 수 있었으니 난 운이 좋은 사람이다.

요즈음 맞벌이하지 않으면 살아가기 힘든 세상이다. 그래서 여성들이 직장에 뛰어들지만, 육아 부분은 여전히 커다란 숙제이다. 그래서 여성 승진 비율은 남성보다 훨씬 낮을 수밖에 없다. 더군다나 여성이 임원이 되는 것은 꿈조차 꾸기 힘들다. 우리나라 대기업의 여성 임원 비율이 5%에 불과하다는 것을 보면 금세 알 수 있다. 소기업은 비율이 더욱 낮다. 임원으로 승진하는 것은 낙타가 바늘구멍을 통과하는 것만큼 힘들다고 할 수 있겠다.

그런데 어떻게 뿌리산업에서 여성이 임원이 되었을까? 경영 업무를 담당하면서, 사업장에 문제가 발생하면 국내든 해외든 업무 해결사로 필자가 발탁되었다. 업무 책임으로 보면 임원 이상의 업무였다. 그러한 중요한 업무를 필자에게 맡겼으니 이때부터 임원으로 명명은 받지 못했지만, 이미 임원으로서 일하고 있었다.

국내 제조업 기술이 발달했지만, 원가상승으로 인하여 제조업 경기가 점점 나빠졌다. 이 틈을 타 대기업은 인건비가 저렴한 해외로 많이 진출하게 되었고, 국내에서는 경쟁이 치열해져 갔다. 대기업의 해외 진출에 따른 국내 일거리는 감소하였고, 우리 회사도 타격이 왔다. 회사가 살아남으려면 수주가 필요했다. 대책은 영업만이 살길이었다.

회사에서 비상대책으로 남녀노소를 막론하고 사무실 팀장급 이상의 직원들에게 영업 지시가 내려왔다. 회사가 살아남으려면 영업을 할 수밖에 없다는 것이었다. 그러나 영업과 생산은 내 업무가 아니라고 생각했다. 금형과 사출은 기술을 알아야 영업과 생산을 할 수 있는 특수성이 있었기 때문이다. 이외에도 핑계는 많았다. 여러 면에서 영업을 피할 수 있었지만, 회사를 위해 해보기로 마음먹었다. 그동안 새로운 일을 하게 되었을 때 늘 설렘으로 다가왔었는데 이때만은 설렘보다 두려움이 컸었다.

회사에서 새로운 일을 주면 가장 먼저 서점에 가는 습관이 있었다. 새로운 일에 관한 도서를 구매하기 위해서다. 영업을 어떻게 하면 잘할 수 있을까? 영업의 비결이 무엇일까? 고민하면서 영업 관련 도서를 찾아보고, 마음에 와닿는 책 몇 권을 샀다. 유통업, 보험업, 제조업, 자동차샐러리맨, 주부 사원 성공사례까지 있는 책들이다. 여러 분야에서 영업을 어떻게 하고 있는지 독서를 통해 방법을 찾았다. 영업에 성공한 지인도 만났다. 도서 내용과 지인이 전해준 영업 성공의 비결에서 공통점이 있다는 것을 발견했다.

영업은 우선 부지런해야 했다. 신발이 닳도록 발품을 팔고, 하루 200km씩 택시처럼 달려 다니며 고객을 많이 만나야 영업에서 성공한다고 했다. 사무실에서 할 일도 만만치 않은데, 영업업무가 추가되어 부담감은 엄청났다. 영업업무를 계획적으로 준비하기 시작했다. 먼저 목표를 세우고, 세부적으로 계획표를 작성했다. 그리고 계획표대로 하루하루 실천해나갔다. 영업목표는 '3년에 10개 업체 등록하기'였다. 그리고 등록된 업체 중에서 지속적으로 거래할 세 업체를 발굴하는 것이었다. 영업 팀원이 아닌 나는 기존 업무를 병행하면서 영업을 해보겠다고 시작했는데, 취업 이래 가장 큰 목표였다.

120% 계획을 세우고, 100% 달성을 목표로 하였다. 가장 중요한 것은 끝까지 포기하지 않고, 스스로 지치지 않게 하는 것이었다. 그동안 쌓은 신뢰, 열정, 긍정 등 불포가인(不抛加忍)의 정신으로 영업업무를 시작하며 고객을 만나기 시작했다. 영업을 위한 자료도 끊임없이 조사하였고, 금형·사출 이론 공부도 게을리하지 않았다. 고객에게 회사소개는 물론 유익한 정보를 주기 위해 아침에는 경제신문과 전자신문을 읽었다. 틈틈이 관련된 책을 손에서 놓지 않았다.

고객을 만나러 가서 몇 시간 기다릴 때도 많았고, 만나지 못할 때도 많았다. 어렵게 만난 고객이 "금형을 알고 영업하느냐?"라며, 회사소개서를 전달하러 온 사원쯤으로 대했다. 회사소개서만 받고 다음에 연락하겠다고 했다. 미팅조차 이루지 못할 때가 많았다. 회사 동료도 내게 이렇게 말하면서 비웃었다. "금형도 모르면서 어떻게 여자가 금형 영업을 한다는 거야? 헛고생하는 거야." 주변에 누구 하나 응원군이 없었다. 여러 면에서 안 된다는 말만 할 뿐이었다. 그러나 나는 그 부정적인 말들을 들으려 하지 않고, 기술에 대해 잘 알지도 못하면서 생판 모르는 업체에 찾아가 '무데뽀'로 브리핑하니 당황해하는 고객도 있었다. 거래하는 업체가 있으니 필요 없다고 하면서 다음에 와도 헛고생하는 것이니 오지 말라고 하였다. 하지만 나름대로 열심히 준비했는데 포기할 수는 없었다. 3개월이 지나도 소득 하나 없었다. 일에 흥미도 느끼고 능력도 인정받아 승진까지 됐으니 금형 영업도 해낼 줄 알았었다. 힘들었지만 끝까지 포기하지 않았다. 평소 나의 신념인 불포가인의 정신을 발휘했다. '난 할 수 있어! 하면 된다.'라고 나 자신에게 말했다.

책에서 읽은 문구가 문득 떠올랐다. "생각이 바뀌면 행동이 바뀌고, 행동이 바뀌면 습관이 바뀌며, 습관이 인생을 바꾼다." 고객을 만나러 가는 게 두려웠지만, 여행을 간다는 마음으로 갔다. 마음을 바꾸니 발걸음이 가벼워졌고 고객 만나는 일도 즐거워졌다. 약속하고 갔는데도 못 만나면, 실망하기보다 '한 번 더 가면 되지!'라고 생각했다. '열 번 찍어 안 넘어가는 나무 없다.'라고도 생각했다. 농부도 봄에 씨를 뿌리면 가을에 수확하는데, 난 겨우 3개월 씨를 뿌리고 수확을 기대하다니……. 나도 농부의 마음으로 영업의 씨를 뿌렸다.

드디어 6개월이 지나 업체에서 연락이 오기 시작했다. 뿌린 씨앗이 열매를 맺기 시작했다. 1년 안에 3개 업체가 등록됐고, 3년 안에 10개 업체가 등록된 것이다. 드디어 내가 해냈다. 금형 영업에 대해 잘 알지 못했지만, 10개 업체를 등록시킨 것이다. 주변 사람들이 놀라며 물었다. 어떻게 영업을 잘할 수 있었냐고. 영업은 경영 업무와 달리 주위를 더 넓게 보는 안목이 있으면 되었다. 영업활동으로 금형·사출에 대한 지식도 많이 쌓고, 회사의 매출 증가에도 이바지했다. '영업이 회사의 꽃'이라는 말이 실감 났다. 영업에는 인생의 모든 것이 녹아 있는 것 같았다. 내가 영업목표를 세운 대로 달성하였고, 인정도 받아 임원으로 승진되었다. 임원승진은 신이 내린 선물과 같았다.

새로운 일을 하게 되었을 때, 하나부터 시작하는 것이다. 그리고 감사함으로 주어진 일을 받아들이는 것이다. 감사함으로 일할 때 충분히 능력을 발휘할 수 있게 된다. 안 된다고 하지 말고 되는 방법을 찾아내야 한다. 찾아냈다면 실패를 두려워하지 말고 행동으로 옮기면 된다. 실패보다 실행으로 옮기지 않은 삶이 더욱 후회될 것이다.

2장

공부는 내 인생에
대한 예의다

일기 쓰기로 기적을 만나다

"출발하게 만드는 힘이 '동기'라면, 계속 나아가게 만드는 힘은 '습관'이다."

– 짐 라이언(Jim Ryan)

어렸을 적에 일기 쓰기는 빠지지 않는 방학 숙제였다. 그런데 방학이 되어 그날그날 일기를 쓰면 좋으련만, 방학이 끝날 무렵에야 허둥지둥 몰아서 쓰다 보니 날씨와 지나간 일들이 생각나지 않아 꾸며서 쓰곤 했다. 날씨도, 지나간 일들도 꾸며서 쓰다 보니 선생님은 내가 매일 일기를 쓰지 않고 한꺼번에 썼다는 것을 알고 계셨다. 정직하지 못했던 어린 시절을 떠올리면 얼굴이 화끈거린다. 누구나 한 번쯤 이런 경험을 해보았을 것이다.

그런데 성인이 되어 누가 내게 일기 쓰기를 시키지 않는데도 정직하게 일기를 쓰기 시작했다. 고민을 쓰다 보면 답을 찾을 때도 많았고, 스트레스도 줄어들게 되었다. 나만 보는 일기장이므로 무슨 이야기든 솔직하게 쓸 수 있어서 그동안 몰랐던 나에 대해 하나씩 알게 되었다.

그동안 썼던 일기를 읽어 보니 나는 힘든 일이 닥쳐도 긍정적으로 생각하는 사람이었고, 문제를 책임감 있게 해결하기 위해 노력하는 사람이었다. 일기 쓰기는 나의 신념을 흔들리지 않게 잡아 주는 역할도 했다. 그때그때의 슬픔과 기쁨, 즐거움을 맘껏 표현하다 보니 친구와 대화하는 느낌도 받았다. 미래에는 어떻게 살 것인지 상상하면서 일기를 쓰기도 했다. 일기를 쓰니 하루하루를 더욱 열심히 살게 되었고, 미래 계획도 세울 수 있었다. 하루를 마무리하면서 나에게 주는 선물은 일기 쓰기로, 나를 알게 해준 유일한 자료였다.

어려서부터 나는 유난히 연필과 노트를 좋아했었다. 학교 수업을 마치고 교문 밖을 나오면 바로 앞에 문방구가 있었다. 예쁜 노트와 알록달록한 색상의 연필들을 보기만 해도 나는 기분이 좋아졌다. 돈이 없어서 그 예쁜 문구류를 살 수는 없었지만, 보는 것만으로도 즐겁고 행복했다. 연필은 더 이상 깎을 수 없을 정도인 몽당연필이 될 때까지 사용하였다. 노트와 펜만 있으면 뭐든 쓰고 싶은 욕망이 솟구쳐서 한때는 유명한 시를 몇 번이고 적기도 하였다. 그때 적어놓은 도종환 시인의 '흔들리며 피는 꽃'이 일기장에 적혀 있었다.

흔들리지 않고 피는 꽃이 어디 있으랴

이 세상 그 어떤 아름다운 꽃들도

다 흔들리며 피었나니

흔들리면서 줄기를 곧게 세웠나니

흔들리지 않고 가는 사랑이 어디 있으랴.

— 이하 생략

좋은 시와 좋은 글들을 예쁜 노트에 가득 적어놓았었다. 노트와 펜은 나에게 소소한 행복을 주는 소장품이 되었다. 대학원에서 공부할 때 동료가 내 사진을 넣어 만들어준 노트는 최고의 선물이었다.

직장생활을 하면서 일상적인 일들을 매일 기록하였고, 이렇게 기록하다 보니 스트레스도 해소되었으며, 받은 상처도 치유되었다. 일기 쓰기를 통하여 놓치기 쉬운 것들도 발견하게 되었으며, 나 스스로 개선해나갈 일들도 찾을 수 있었다. 또한 기록이 기적을 가져온 적도 있었다.

직장에서 업무로 부딪히는 일이 많았다. 업무로 서로 바쁘다 보니 대화로 풀 시간조차 없을 때가 많았다. 이렇게 업무로 인한 갈등을 풀지 못하여 스트레스가 쌓이게 되었다. 누적되는 스트레스를 어떻게 풀까 고민하다가 느낀 대로 업무 일기를 쓰기 시작했다. 직장에서 일어난 일들을 기록하면서 나 자신에게 하나씩 질문을 하게 되었고, 질문을 하다 보니 답을 찾게 되었다. 일기를 쓰고 나면 문제가 해결된 것처럼 후련하기도 하였다. 이렇게 일기 쓰기는 습관이 되어 내 삶의 일부가 되었다. 하루라도 일기를 쓰지 않으면, 저녁에 밥을 먹고 양치질을 하지 않은 느낌이었다.

누군가가 내게 일기 쓰기를 통해 기적이 일어난 적이 있냐고 물으면, 난 이렇게 대답할 것이다. 소소한 일상을 있는 그대로 매일매일 기록한 일기가 내 인생에 많은 도움을 주었고 기적도 경험하게 해주었다고.

살아가면서 전혀 예상치 못한 일들을 만나게 된다. 필자 또한 예외가 아니었다. 불혹의 나이, 가정에서나 사회에서 가장 바쁘게 살아갈 때 남편은 외국에서 일하였었다. 건축을 전공하였고, 설계 기술을 배워 기술영업일을 하였다. 그런데 업무가 확장되어 영업에서부터 회사 경영까지 업무를 맡게 되었다. 경영은 책임감이 따르기 마련이다. 매출 책임은 물론이고 인사관리와 자금관리까지 전반적인 경영을 맡았다. 타국이라 언어가 다르고 문화도 다르니 적응하는 데 어려움을 많이 겪었다. 회사 경영이 어려울 때 경영을 맡게 되어 여러 가지로 상황은 안 좋았다. 이렇게 힘든 상황에서 남편은 한국에서 쌓은 기술과 경험을 바탕으로 회사의 어려운 문제를 하나씩 해결해나갔다. 운도 따라주어 수주도 증가하였다. 회사가 서서히 회복되었고, 3년이 지나니 정상적으로 회복되었다. 그러나 남편은 회사 일에 너무 신경 쓰느라 자신의 몸을 돌보지 못하였다. 젊으니 어디가 아픈지도 모른 채 일에만 집중하였었다. 더군다나 해외에서 건강검진 한 번 받아보지 못했다. 결국은 회사의 중대한 문제에 관해 결정을 앞두고 고민하다가 스트레스를 받아 쓰러졌다. 이후 골든타임을 놓쳤다. 병명은 뇌경색이었다. 급기야 중환자실에서 치료를 받아야 했다. 외국병원 중환자실에서 보름을 지냈는데, 가슴을 조이는

하루하루를 보냈다. 간절히 기도하는 수밖에 할 수 있는 일이 없었다. 다행히 낮에는 면회가 가능하여 환자 곁을 지킬 수 있었다. 병원에서 남편에 대한 병상 일기를 쓰기 시작했다. 환자 상태와 처방 등 의사 선생님 얘기를 자세하게 기록했다. 그동안의 일기 쓰기 습관이 자연스럽게 병상 일기를 쓰도록 만들었다. 환자 상태를 살피면서 기록하니 불안한 마음도 조금씩 사라지기 시작했다. 이렇게 기록한 일기가 환자가 호전되는 과정을 여실히 보여주는 병상 일기가 되었다. 환자가 병을 극복할 수 있도록 용기를 주기도 했다.

　의사는 수많은 환자를 치료한다. 기록이 없으면 환자 상태를 정확히 알 수 없으므로, 정확한 처방도 어렵다. 의사 선생님의 말씀 한마디 한마디에 귀 기울여 환자 상태를 자세하게 기록한 것이, 귀국하여 남편을 치료하는 과정에서 큰 도움이 되었다. 일기 쓰기의 기적을 경험하게 된 것이다.

이 병상 일기가 기적이 아니면 무엇이겠는가! 기적은 가만히 있는 자에게 절대 찾아오지 않는다. 하루에 한 줄 또는 세 줄씩 쓴 일기가 남편의 병을 호전시키는 데 큰 도움이 된 것이다. 오늘부터 일기 쓰기를 시작해 보라. 기적은 자신이 생각지 못한 일에서 경험하게 될 것이다.

사람은 자신이 그린 대로 삶을 살게 된다. 쓰면 이루어진다는 것을, 일기 쓰기를 통해 경험했다. 물방울이 바위를 뚫듯이 아주 작은 일이라도 꾸준히 하면 큰일을 이루어낼 수 있게 된다. 자신이 꿈꾸는 것을 늘 일기장에 쓰면서 꿈을 이룬 미래를 상상해보라. 상상만 해도 가슴이 벅차오르지 않는가! 일기 쓰기는 자신을 돌아보는 데 거울 역할을 하여 자신을 이해하고 객관화할 수 있게 만든다. 그리고 꿈을 이룰 수 있도록 나침반 역할을 한다. 지금까지 일기를 써온 것처럼, 앞으로도 계속 쓸 것이다. 그리하여 기적을 날마다 경험하고 싶다.

마르쿠스 아우렐리우스(Marcus Aurelius)는 이렇게 말했다.

"밖에서 그토록 찾던 것이 당신 내면에 있음을 발견하면, 삶이 완전히 달라질 것이다."

이 명언을 경험하기 위해서는 일기 쓰기가 최고이다.

배움은 늦은 때가 없다

"만난 사람 모두에게서 무언가를 배울 수 있는 사람이 세상에서 제일 현명하다."

— 탈무드(Talmud)

"나는 아직도 공부한다."라는 말은 미켈란젤로의 좌우명이다. 그는 90세로 생을 마감하는 날까지 늘 배우고 싶어 공부를 그치지 않은 사람으로, 좌우명으로 삼을 만하다. 요즘 사람들은 배우고 싶어 공부하는 것이 아니라, 좋은 직장을 얻기 위해 열심히 공부한다. 왜냐하면, 직장은 살아가는 데 기본적인 생리적인 욕구부터 안정의 욕구, 애정의 욕구, 존경의 욕구, 자아실현의 욕구까지 매슬로가 말한 인간의 욕구를 충족시켜주기 때문이다.

매슬로가 말한 욕구의 마지막 단계인 자아실현을 위해서는 배움이 있어야 한다. 배움은 20대에 끝난 줄 알았는데, 배우는 데는 끝이 없었고 배우면 배울수록 나를 성장시켜 새롭게 일할 기회도 많이 생겼다. 현대사회는

'N 잡러'가 확산하고 있고 시대 변화가 갈수록 빨라지고 있으니 상황에 맞는 배움을 게을리해서는 안 된다고 말하고 싶다.

필자 또한 직장에서 더 성장하고 싶어 고민하다가 늦은 나이에 새로운 공부를 시작하게 되었다. 오랫동안 직장생활하면서 업무에 필요한 공부만 하였었다. 그런데 시간이 지날수록 변화에 따라가지 못함으로 인해 자존감이 낮아져 새로운 공부에 도전하고 싶어졌다. 업무가 늘어나면서 체계적으로 일을 배우고 싶었다. 그래서 늘 마음속으로 기회가 오기만을 기다렸고, 늦었지만 새로운 배움을 시작하게 되었다. 기회는 누가 만들어주는 것이 아니라, 내가 만드는 것이라는 것을 배움을 다시 시작하면서 알게 되었다.

회사에서는 경영관리 업무로 총무, 회계, 영업 등 업무를 비롯한 사업장 관리업무를 전담하였었다. 그래서 경영이론을 체계적으로 배우고 싶어 경영과 관련된 경영학사에 도전했다. 회사 일과 공부를 병행하다 보니 시간 내기가 어려워 저녁 시간과 주말 그리고 휴가를 최대한 활용하여 온라인 강의를 들었다. 무엇이든 하고자 하면 방법이 나온다는 것을 이때 또 알게 되었다.

오십이라는 늦은 나이에 도전한 만큼 목표를 확고하게 세웠다. 10년 동안 배우리라. 그리고 최선을 다해 공부하리라. 그러면 분명 10년 후에 승부가 나지 않을까! 내 꿈을 찾아가는 한 방법이기도 했지만, 후회하지 않는 삶을 살기 위해 배움을 다시 시작했다. 배우면서 걸림돌이 생기면 디딤돌로 만들고, 어려움이 닥치면 쉬어가더라도 포기는 하지 않겠다고 다짐했다. 40대도 아닌 50대에 배움을 다시 시작하였으니 두려움과 설렘이 교차했다. 두려움과 설렘도 잠시, 시작부터 어려움이 생겼다. 아버님이 간암 말기 진단을 받은 것이었다. 공부를 일단 미뤘다. '공부를 어떻게 시작한 것인데⋯⋯.' 고민도 했었지만, 지금까지 아버님을 돌봐 드렸으니 끝까지 나의 작은 정성을 보태고 싶었다. 내 오지랖이 넓었는지도 모른다. 결국 아버님을 하늘나라로 보내 드리고, 1년 후 다시 공부를 시작하게 되었다.

새로운 지식을 배운다는 것은 경이롭고 아름다운 일이었다. 직장 일과 병행하며 공부하려니 늘 시간이 부족하여 잠을 줄일 수밖에 없었다. 수업 후 복습하려면 배운 것이 새롭게 느껴져 반복에 반복을 거듭하였다. 몸은 고달프나 내 머리가 지식으로 가득 채워진다고 생각하니 공부에 재미를 느꼈고, 집중하여 공부했다. 이렇게 열심히 공부하고 있을 때, 또 한 번의 큰 위기가 찾아 왔다. 외국에서 근무하는 남편이 뇌경색으로 쓰러진 것이었다. 갑자기 남편 병간호에 매진해야 하는 상황이 되었고, 공부는 멈출 수밖에 없었다. 그때 난 이런 생각을 했다. '신이시여~! 내가 공부하는 게 사치인가요?'라고. 공부가 덧없이 느껴졌다.

낮에는 일하였고, 밤에는 병원에서 남편을 돌보았다. 다행히 약 6개월 동안 남편이 치료를 잘 받아 회복하기 시작하여 일상생활을 조금씩 하기 시작했다. 난 몸도 마음도 지쳤지만, 배움의 끈은 놓지 않았다. 틈날 때마다 아주 조금씩 앞으로 나아갔다. 배움이 느리더라도 내 사전에 포기는 없었다. 이렇게 공부하여 학사 공부를 마칠 즈음, 또 한 번의 가슴 아픈 시련을 겪었다. 내가 지금껏 일할 수 있도록 아이를 잘 돌봐 주시고 키워주신 시어머니께서 암 판정을 받으신 것이다. 하늘이 노랗다는 말이 무슨 말인지 알게 되었다. 시아버지께서 간암으로 투병 생활을 하시다가 하늘나라로 가셨기 때문에, 암이 어떤 거라는 것을 잘 알고 있기에 가슴이 아팠다. 손녀딸을 예뻐하시며 잘 키워주신 시어머니께서도 8개월 만에 결국 하늘나라로 떠나셨다. 인생이 덧없이 느껴졌다. 3년이라는 짧은 시간에 어려운 일들이 일어난 것이었다. 무슨 일이 더 일어날까 봐 불안해졌다. '신은 인간이 감당할 수 있을 만큼만 고통을 준다.'라고 했는데, 이제 더 이상의 고통은 내가 견디지 못할 것 같았다. 나는 믿었다. 내가 감당할 수 있는 고통은 여기까지이고, 앞으로는 좋은 일이 생길 거라고. 불운은 한꺼번에 몰려온다더니 나에게 이렇게 닥쳐올 줄이야!

슬픔을 모른다면 기쁨도 행복도 모르리라. 슬픔 뒤에는 반드시 기쁨이 찾아올 거라는 희망을 품었다. 그리고 어려움 속에서도 배움을 포기하지 않았다. 부족한 학점을 방학 동안 특강으로 채웠고, 마지막까지 최선을 다한 결과 졸업하게 되었다. 그동안 공부한 것 중에서 가장 값진 일이 경영학 학사 졸업이었다. 힘든 상황에서 포기하지 않은 내가 대견스러웠다. 이보다 더 값진 졸업장이 어디 있겠는가!

10년을 공부하기로 한 나의 결심을 포기하지 않았기에 경영학 석사 과정을 공부할 수 있었다. 여러 어려움을 극복하며 공부한 것이 결코 헛되지 않았다. 배움으로 인하여 나의 사고는 확장되었고, 배운 것을 바탕으로 직원들 마인드교육과 업무교육으로 이어졌다. 직원들 교육은 효율적인 업무로 이어졌고, 동기부여로 직원들의 열정까지 끌어낼 수 있었다. 나의 새로운 배움은 또 다른 교육으로 이어졌고, 직원들은 변화하기 시작하였다. 이런 변화는 회사에도 좋은 영향으로 미쳤고, 직원들을 가르치며 내가 더 성장하였다.

조세프 주베르(Joseph Joubert)가 한 말이 맞는 말이었다.

"가르친다는 것은 두 번 배우는 것이다(To Teach is to Learn Twice Over)."

주중은 회사 일을 하였고, 주말은 모든 시간을 석사 공부하는 데 사용하였다. 주말에 과제를 하고 있노라면 친구들이 벚꽃놀이 사진을 보내며 함께 하자는 문자가 나를 유혹하였다. 나도 친구들과 꽃구경 가고 싶고, 친구들 만나서 즐겁게 놀고도 싶었다. '늦은 나이에 궁상떨고 있는 것은 아닌가!'라는 생각도 했지만, 흔들리지 않았다. 10년을 공부하겠다고 나 자신에게 한 약속을 지키고 싶었다. 그래야 10년 후 또 다른 변화를 맞이할 수 있을 거라고 믿었기 때문이다. 배우는 시간은 한 달이 하루처럼 빨리 지나갔다. 주말도 없이 열심히 공부한 결과 석사 과정을 마치게 되었다. 부족한 시간을 쪼개어 공부한 덕분이었다. 늦은 나이에 공부하였기에 더욱 값진 석사 졸업

이었다.

　석사 졸업하자마자 예기치 않게 코로나19 바이러스 감염증이 확산하였
다. 코로나가 금방 지나갈 거라 믿었는데, 점점 확산이 심해지고 장기화하
여 집에 머무르는 시간이 많아졌다. 코로나로 인하여 모든 상황이 급변하
여 아무것도 할 수 없게 되었다. 그래서 평소에 읽고 싶었던 책을 읽어 보기
로 하였다. 인터넷으로 다양한 분야의 책을 여러 권 주문하였다. 그중에 연
세대 명예교수이자 철학자인 김형석 교수가 "100년을 살아보니 은퇴 후에
도 젊게 살려면 배움을 계속하거나 일을 놓지 말라."고 하였다. 이 글을 읽
고 나도 나이 들어 젊게 살고 싶어졌다. 배우고자 하는 마음이 있기에 나 또

한 젊게 살 수 있을 것 같았다. 배움은 정신뿐만 아니라 육체도 건강하게 만든다는 것을 알고 있다.

코로나 시기에 다양한 분야의 독서를 하며 배움을 이어갔다. 관심 있었던 부동산 관련 서적 20권 정도 읽었고, 읽은 것을 바탕으로 실전 업무에 적용도 해보았다. 시니어 시대 가장 주목받는 사회복지 2급에 도전하여 2년 동안 이론 과목을 모두 마치고 실습만 남았다. 어느새 3년이라는 시간이 지나 코로나도 종식되었다. 코로나 시대 어려움도 많았지만, 독서로 인하여 또 다른 꿈을 꾸게 되었다. 50대의 배움은 세컨드라이프를 준비하는 시간이었다. 준비하는 자에게 기회가 온다고 하였다. 기회가 왔을 때 놓치지 않으려면 준비해야 한다. 늦었다고 생각할 때가 가장 빠르다고 하지 않았던가! 배움은 늦은 때가 결코 없다.

미켈란젤로(Michelangelo)는 이런 말을 남겼다.

"저는 아직도 배우는 중입니다"

답은 늘 책 속에 있었다

"책을 두 권 읽은 사람이 책을 한 권 읽은 사람을 지배한다."

– 에이브러햄 링컨(Abraham Lincoln)

고등학교 때 여름방학 국어숙제로, 소설가 박경리의 《토지》 일부분씩을 읽고 독후감을 작성하는 것이 있었다. 그 당시에는 내가 독서를 좋아하지 않았었고, 더구나 대하소설에는 더욱 관심이 없었던 때였다. 방학이 끝날 무렵이 되어서야 숙제를 해야겠기에 줄거리만으로 엉터리 독후감을 작성하여 제출했다. 방학 숙제는 제출했지만, 마음이 떳떳하지 못하여 국어 선생님 뵙기가 꺼려졌다. 어김없이 국어 시간이 돌아왔다. 선생님께서 솔직하게 읽고 독후감을 쓴 사람은 손을 들라고 하셨다. 놀랍게도 손드는 친구들이 한 사람도 없었다. 나만 엉터리 숙제를 한 것이 아니었다.

선생님께서 화가 많이 나셨는지 독후감 숙제를 다시 내주셨다. 그때는 학생이라 시간도 많았었고, 재미있는 소설인데 왜 읽지 않았는지 이해가 되지 않았다. 아마 책 읽는 것보다 노는 것이 더 재미있었고, 교과 공부만 잘하면 된다는 생각이었다.

그런데 사회생활을 시작하면서 내 생각이 바뀌다. 직장에서 일하기도 바빠 책 읽을 시간이 없다고 생각했었는데, 회사 동료가 늘 책을 끼고 다니면서 쉬는 시간 또는 점심시간에 책을 손에서 놓지 않으니 나도 책 읽기에 관심을 두게 되었다. 그 동료는 책을 많이 읽어서인지 말도 잘하고 동료들 상담도 해주어 주변에 사람들이 늘 많았다. 동료들에게 상담해주며 고민을 해결해 주는 모양이었다. 그 동료는 프로그래머를 하는 엔지니어로 일했었는데, 지금은 아이들을 가르치고 있다. 책 읽기를 좋아하더니 좋아하는 일을 하게 된 것이다. 동료로 처음 만나서 지금도 좋은 관계를 유지하고 있으며, 만나면 권장도서를 서로 주고받는 사이다.

내가 그 동료를 옆에서 지켜보면서 책을 읽기 시작했다. 깊게 고민할 일이 생기면 서점으로 달려가 관련된 책부터 샀다. 그러다 보니 점점 책 읽는 습관이 생겨서 어떤 일을 시작할 때, 책부터 구매해 읽으면서 먼저 이론을 익히는 습관도 생겼다. 영업을 시작할 때도 어떻게 해야 할지 막막했었지만, 서점에 가서 책부터 사서 읽고 방법을 찾아냈다. 이렇게 책으로 하나씩 문제를 해결해나갔다.

사업장 총괄업무를 맡게 되었을 때의 일이다. 본사는 안양, 지사는 왜관에 있었는데 직원이 약 100명 정도로 경영관리 업무만 보다가 사업장 총괄 업무를 맡게 되니 부족한 것이 한둘이 아니었다. 특히 생산 기술적인 부분과 기술영업을 비롯하여 연구소 일까지 알아야 할 게 너무 많았다. 시스템을 다 알고 경영하면 좋지만, 그렇게 일하는 게 쉬운 일은 아니었다. 그래서 각자 맡은 업무를 더욱 잘할 수 있도록 핵심 부서장들에게 교육하기로 하였다. 각 부서장이 일하는 목적과 목표를 같게 하고 같은 생각으로 일한다면, 결과는 분명 좋을 것으로 생각하였기 때문이다. 교육자료를 만들기 시작하였다.

기본교육으로 직장인이 갖추어야 할 기본자세와 예절, 직장 개개인의 발전을 위한 스펙 쌓기와 열정 갖기, 거기에 더하여 성공방정식을 알면 조직이 원활하게 돌아갈 수 있겠다고 생각하였다. 세계 최고 기타회사를 만든 요코우치 유이치와 고토 하야토의 공저 《열정은 운명을 이긴다》라는 책에서 열정에 관한 교육자료를 만들었다. 성공방정식에서 능력, 열의, 사고방식 등 이 세 가지의 중요성을 강조한 이나모리 가즈오의 책을 읽고 자료를 발췌하여 교육하였다. 이어 효율적으로 일할 수 있도록 시간 관리와 발상의 전환을 가져올 아이디어를 제공하는 교육을 하였다. 좋은 가격과 좋은 제품, 좋은 납기의 정의를 깨닫게 하는 교육도 하였다. 그리고 회사 내 병목과 변수를 찾아 해결할 수 있는 생산성 향상과 효율성을 높이기 위한 교육을 단계적으로 실시하였다. 그 외에도 책을 읽고 여러 교육자료를 만들어 교육을 계속하였다.

30회 정도의 교육 후, 결과는 엄청난 효과를 가져왔다. 회사에서 이루고자 하는 목표대로 가고 있는 것이었다. 부서장들은 자신들의 담당업무를 당연히 잘하고 있었고, 타부서와 자연스레 업무연결까지 되어 업무를 공유하며 일하니 시너지 효과도 컸다.

《회계 천재가 된 홍대리》라는 책은 5권으로 되어있다. 회계는 경영을 나타내는 언어, 부자를 판정하는 재무제표, 꼭 알아야 할 중요한 자산의 종류, 고소득자를 판단하는 손익계산서, 세금계산서와 부가가치세 등 회계에 관해 이해하기 쉽게 되어있었다. 회계가 경영관리의 업무로만 알고 있었는데, 이 책을 읽으면서 그렇지 않다는 것을 알게 되어 부서장들에게 이해하기 쉽

게 교육했다. 즉 딱딱한 회계 용어인 자산, 부채, 자본의 용어를 알기 쉽게 설명해주었다.

냴슨 만델라(Nelson Mandela)는 '교육'에 관해 이렇게 말했다.

"교육은 세상을 바꾸는 데 사용할 수 있는 가장 강력한 무기다."

필자가 학창시절에 쓰기 싫었던 독후감을 부서장들에게 과제로 내주었다. 부서장들은 학교도 아닌데 무슨 독후감이냐고 불만을 쏟아 냈다. 현재 자신이 맡은 업무를 확장시키고, 자신의 발전을 위해 독서는 필수라고 강조하면서 강제로 분기별 독후감 쓰기 과제를 제출하도록 진행했다. 하기 싫기도 하고 해보지 않아 낯설어했지만, 독서 후 느낀 점을 잘 적어 주었고, 직원 중에는 독서 활동이 회사생활의 터닝포인트가 되어 다른 학습으로 이어지기도 했다는 것이다. 뭐든지 처음에는 힘들어하지만 한번 해보면 조금씩 쉬워지고 나아진다. 가장 중요한 것은 포기하지 말고 계속 도전해 보는 것이다. 그러면 어느새 삶의 목표에 다다르게 될 것이다.

부서장들에게 이렇게 교육하면서 지질하고 별 볼 일 없던 내가 자신감이 넘치게 되었고, 몰라보게 변화한 나에 대해 스스로 놀랄 정도였다. 이 모든 것은 책을 읽은 덕분이다. 회계에 관해 몰랐기에 배워야 했다. 배우는 데 가장 좋은 수단은 책이었다. 책은 나에게 아무런 편견도 갖지 않고 자세히 알려주었다. 내가 공부를 잘하는지, 예쁜지, 돈이 많은지 따지지 않았다. 내가 알려고 하는 것 그 이상으로 많은 것을 알게 해주었다. 책을 통해 지식을 습득하고 지혜를 얻는 것은 전적으로 나 자신에게 달려 있었다. 지식과 지혜에 목마를 때 내가 책을 읽으면 되었다. 그렇게 수많은 책이 나를 거쳐 갔다. 어떤 책은 삶의 자양분이 되었고, 어떤 책은 나의 인내심을 시험했다. 어떤 책은 나를 크게 발전시켰다. 단 한 권도 허투루 읽지 않았기에 오늘의 내가 있게 된 것이다.

책은 누구에게나 공평하게 지식과 지혜를 주기에 책 읽는 것을 소홀히 하면 안 되겠다고 생각했다. 살다 보면 수많은 문제를 만나 허우적거리기도 하지만, 다행히 그 다양한 문제에 대한 해결책을 제시하는 책은 늘 있었다. 삶이 힘들 때 잠시 쉬어갈 수 있는 안식처가 책이라고 생각하면 된다. 책과 함께 보내는 시간이 날마다 행복하다. 책이 나를 변화시켰고, 성장시켰다. 삶의 여러 문제 앞에서 답답하고 힘들 때, 답을 제시해준 것은 언제나 책이었다. 책 속에 답이 있었다.

철학자 소크라테스는 "남의 책을 많이 읽어라. 남이 고생하여 얻은 지식을 아주 쉽게 내 것으로 만들 수 있고, 그것으로 자기 발전을 이룰 수 있다."고 말했다. 소크라테스의 이 말이 진리다.

공부는 즐거운 놀이다

"아이들에게 공부를 강요하지 말고, 놀이로 공부하게 하라." – 플라톤(Platon)

    부모가 아이에게 가장 많이 하는 말은 공부하라는 말일 것이다. 아이 또한 부모에게서 가장 많이 듣는 말이 공부하라는 말일 것이다. 초 · 중 · 고 그리고 대학교까지 공부하라는 말을 얼마나 많이 들어야 학업을 마치게 될까? 학교 공부뿐만 아니라 학원공부도 해야 하고, 또 부족한 부분은 과외까지 하면서 죽을힘을 다해 공부해야 하니 공부를 언제까지 해야 마치게 될까? 경쟁 사회에서 살아남으려면 공부해야 하고, 사회생활에서 더 발전하기 위해서 그리고 자신의 꿈을 이루기 위해서 공부를 계속해야 한다. 이렇게 오랜 기간 공부하다 보니 즐겁게 공부하기가 쉽지 않다. 정말로 공부가 좋아서 하는 사람은 드물기 때문이다.

공부를 즐거운 놀이처럼 하려면 어떻게 해야 할까?

먼저 꿈이 있어야 한다. 꿈은 공부를 즐거운 놀이로 만든다. 그다음은 본인이 가지고 있는 모든 역량을 끌어모아 몰입해보는 것이다. 법 공부든, 영어 공부든, 음악 공부든, 미술 공부든 어떠한 분야에서든지 몰입하게 되면 성과를 이루게 될 것이고, 그 성과를 통해 생긴 자신감은 공부를 즐거운 놀이로 만들어줄 것이다. 이렇게 즐거운 놀이처럼 하는 공부는 자신도 놀랄 정도로 좋은 결과를 가져다준다.

딸아이가 초등학교 저학년 때 방과 후 집에 오면 혼자 있는 시간이 많았다. 내가 퇴근할 때까지 혼자 있으니 얼마나 무서웠을까? 어느 날, 현관문을 열고 들어섰는데 아이가 방에서 나오지를 않았다. '어디 몸이 안 좋은가?' 걱정도 되었고, 한편으로는 '엄마가 왔는데 인사도 안 하나?' 서운하기도 했다. 현관에서 신발도 벗기 전에 아이 이름을 부르며 "엄마 왔어! 엄마 왔다고!" 몇 번을 크게 부른 후에야 아이가 방에서 나왔다. "어디 아파? 오늘 학교에서 친구들과 안 좋은 일 있었어? 엄마가 늦게 와서 그래?" 여러 질문을 아이에게 쏟아놓았다. 아이는 다 아니라고 했다. "그러면 기분이 안 좋은 거야?" 아이는 엄마를 기다리는 시간이 무섭다고 하였다. 그래서 음악을 크게 듣고 있어서 문 여는 소리를 못 들었다고 하였다. 난 그 순간 가슴이 뭉클해졌다. 어른도 밤에 혼자 있으면 무서울 때가 있는데, 아이가 얼마나 무서웠으면 음악을 크게 틀어놓았을까? 난 눈시울이 뜨거워졌다. 아이를 껴안고 "오늘 엄마가 늦어서 미안해. 내일은 일찍 올게."라고 실천하지도 못할 말을 뱉어버렸다. 아이를 재우고 많은 생각을 하게 됐다. 일찍 귀가하기 힘든데, 일찍 오겠다고 약속하며 순간을 모면하는 내가 싫었다. 생각하면 할수록 속상해서 이불을 쓰고 펑펑 울었다.

그다음 날, 난 예상했던 대로 약속을 지키지 못했다. 회사 일은 퇴근 시간 후에도 계속되었고 이와 같은 일상은 반복되었다.

딸아이가 자라서 초등학교 고학년이 되었다. 혼자 지내는 시간이 조금씩 익숙해지는 모양이었다. 아이 혼자 집에 두고 일하는 나 또한 익숙해져 갔지만, 땅거미가 내리기 시작할 무렵이면 아이 걱정에 어쩔 줄을 몰랐다. 업무가 점점 늦어져 딸아이에게 전화하니 전화를 받지 않았다. 불안한 마음에 하던 일을 멈추고 집으로 달려갔다. 도착하자마자 벨을 눌렀는데 문을 열어주지 않았다. 열쇠로 현관문을 열고 들어가 허겁지겁 방문을 열어보니 음악을 듣다가 잠이 들었던 모양이다. 팝송은 우렁차게 울리고 아이는 새우잠을 자고 있었다. 안도의 한숨을 쉬면서 "다행이다, 다행이야!" 난 혼잣말로 중얼거렸다.

책상을 정리하다가 아이가 듣고 있던 CD를 보게 되었다. 전부 팝송이었다. 무섭고 지루한 시간을 팝송을 들으며, 마음을 달랬던 것이다.

팝송을 반복적으로 들으니 영어가 들리기 시작했다고 한다. 팝송을 접하게 되면서 각 나라의 문화와 음악에 대해 알게 되었다고 한다. 팝송으로 영어 공부를 하면서, 영어에 대한 호기심이 많이 생겼다고 한다. 영어가 점점 재미있어졌고 영어 수업시간이 기다려졌으며, 영어 학원 수업도 즐거웠다고 한다. 공부가 이렇게 즐겁게 느껴진 것은 처음이었다고 한다. 딸아이는 용돈을 모으는 대로 팝송 CD를 샀고, 신곡이 나오면 CD 모으는 취미도 생겼다. 저녁에 팝송을 매일 틀어놓으니 나도 자연스레 팝송을 듣게 되었다. 그때 많이 들었던 추억의 팝송이 생각난다. 미국 팝의 디바 머라이어 캐리 (Mariah Carey)의 'Hero(히어로)'이다.

There's a hero(영웅이 있어요).

If you look inside your heart(당신의 마음속을 들여다보면)

You don't have to be afraid of what you are(당신의 모습을 두려워 하지 말아요).

There's an answer(거기에 답이 있어요).

If you reach into your soul(당신의 영혼에 다가가 보면)

And the sorrow that you know Will melt away(당신의 슬픔이 차츰 사라질 거예요).

......

중학교에 들어가서도 딸아이는 혼자 집에 있을 때 계속 팝송을 들었다. 엄마가 귀가할 때까지 무서운 시간을 팝송을 들으면서 견뎌냈다. 이렇게 영어 공부를 팝송을 들으면서 혼자 했다. 부모로서는 매우 감사한 일이었다.

아이가 팝송을 들으면서 얼굴이 밝아졌고, 긍정적인 사고로 바뀌었다.

　팝송을 들으며 즐겁게 영어 공부를 한 덕분에 영어 실력이 점점 좋아졌다. 마침 방학에 외국으로 영어연수 갈 기회가 있었다. 현지인과 함께 공부해야 하므로 기본실력이 있어야 했다. 기본 영어테스트를 받았는데 통과하여 뉴질랜드로 영어 홈스테이를 하러 가게 되었다. 아이가 어느 정도의 실력이 있는지, 가서 잘할 수는 있는지 모르겠지만, 뉴질랜드 홈스테이를 보내 현지 학교에서 수업을 받게 되었다. 뉴질랜드로 출발하기 전 학원에서

영어를 좀 배우고 갔지만, 긴장해서인지 현지에서는 영어가 들리지 않아 적응하느라 힘들었다고 한다. 그 후 시간이 지나면서 조금씩 들리기 시작하였고, 현지 학생들과 나란히 앉아 함께 수업을 받을 수 있었다고 한다. 현지 학생들과 함께 팝송을 들으니 친구들을 쉽게 사귈 수 있었다고 한다. 영어가 세계 공통어인 만큼 팝송 또한 그만한 힘이 있다는 것을 다시 한번 알게 되었다.

방학을 활용한 뉴질랜드 영어 홈스테이는 아이에게 큰 경험이 되었고, 영어의 높은 벽을 넘는 계기가 되었다. 또한 원어민의 발음도 익히게 되었고, 귀국해서는 영어에 대한 자신감이 더욱 커졌다. 영어 수업시간은 부담되는 시간이 아니라, 아침부터 기다려지는 즐거운 수업시간이 되었다고 한다. 무서움을 달래기 위해 듣기 시작한 팝송으로 영어 공부를 하게 될 줄이야 딸아이도 엄마인 나도 정말 몰랐었다.

다음은《논어》에 나오는 공자(孔子) 말씀이다.

知之者不如好之者(아는 사람은 좋아하는 사람만 같지 못하고)

好之者不如樂之者(좋아하는 사람은 즐기는 사람만 같지 못하다)

즉, 천재는 노력하는 자를 이기지 못하고, 노력하는 자는 즐기는 자를 이기지 못한다는 말로, 즐기는 자가 '승자'라는 말이다.

고기 잡는 법을 배워야 한다

"더 많이 학습하고 학습할수록 더 많은 것을 알게 될 것이다. 그리고 더 많은 것을 알게 되면 될수록 더 많은 곳으로 갈 수 있는 길을 알게 될 것이고, 방법도 알게 될 것이다."

― 이반 파블로프(Ivan Pavlov)

중소기업에서 살아남으려면 공부하지 않으면 안 되었다. 여러 면에서 한계에 부딪혔기 때문이다. 맡은 업무를 효율적으로 하기 위해 공부해야 했고, 나 자신을 계속 발전시키려면 공부하여 능력을 길러야 했다. 그래서 기회가 될 때마다, 또는 기회를 만들어 전문경영 분야와 경영 외 분야라도 경영에 도움이 되는 공부라면 모두 교육받으려고 애썼다. 교육받은 내용을 떠올려보니 중소기업진흥공단에서 경영관리 실무교육과 세계화 경영 교육, CEO 아카데미 과정 교육을 받았고, 사설 교육기관을 통해서는 영업마케팅 교육을 받았다. 이화여자대학교 평생교육원에서 강사교육을 받았고, 그 외 각종 동기부여 및 인사ㆍ조직관리 교육을 이수하였다. 그 후 전문적인 경영학사와 석사 과정을 마쳤다. 그리고 코로나로 인하여 집에서 지내는 시간이 많아져 평소 읽고 싶었던 분야의 책을 한 권씩 읽어냈다. 이렇게 학습하고 또 학습할수록 더 많은 것들을 알고 싶은 마음에 계속 책을 읽고 교육을 받으며 나를 성장시켰다. 이러한 학습으로 인해 뇌에 인지 지도가 만들어져 회사 경영 시 필요할 때마다 즉시 꺼내서 활용할 수 있었다. 배움은 능력으로 이어져 어떤 상황에서도 문제를 해결하는 힘이 되었다.

쉬지 않고 열심히 공부하여 능력이 생겼을 때 사업장 총괄업무를 맡게 될 기회가 왔다. 부족한 것이 한둘이 아니었지만, 그동안 많은 것을 배웠기 때문에 새로운 업무가 두려움보다는 오히려 설렘으로 다가왔다. 그동안 공부한 것을 바탕으로 가장 먼저 교육자료를 만들어 직원 교육부터 시작하였다. 목적과 목표를 정하고 같은 생각으로 회사 일을 한다면, 결과는 매우 긍정적인 성과를 낼 것으로 생각했기 때문이다. 직원들을 교육하면서 과제를 제시할 때 공부하지 않으면 해결할 수 없는 어려운 과제를 내었다. 또한 직원들이 사소한 일에 실수가 잦으므로, 작은 일에 충실하면 큰일도 충실히 해낼 수 있다는 것을 깨닫게 하려고 왕중추의 저서 《디테일의 힘》을 읽게 했다. 그리고 독서 토론 후 업무에 적용하도록 과제를 제시했다. 직원들은 귀찮아하였고 힘들어했다. 부서별로 진행하여 해결하는 과제라서 한 사람이 안 하면 안 하는 사람 때문에 해당 부서에 피해를 주기 때문에 마지못해서 하는 직원도 있었다. 그런데 직원들이 과제를 하면서 과제 해결의 방법을 알게 되었고, 방법을 알고 나니 과제에 그치지 않고 스스로 공부하고 책을

사 읽는 직원도 생기기 시작하였다. 내가 직원들에게 매일 고기를 잡아 줄 수는 없다. 고기 잡는 법을 가르치니 스스로 회사 일을 처리하는 직원들이 한 명씩 늘어났다.

레리슨 커드모어가 이런 말을 남겼다.

"세상에 불가능은 없다. 단지 우리가 가능한 방법을 모를 뿐이다."

학습에서 경험만큼 중요한 것은 없다. 경험을 쌓는 만큼 능력이 되고, 능력이 쌓이면 처음 접하는 업무도 해결할 수 있게 된다. 내가 일하는 데 는 국내 사업장과 해외 사업장이 두 곳이다. 국내 사업장은 경기도에 본사 와 경북에 지점이 있고, 해외 사업장은 태국 아유타야 지역과 촌부리 지역 에 있다.

해외 아유타야공장을 설립할 때 일이다. 해외공장은 국내보다 설립절차 가 복잡하였다. 처음 접하는 업무이기 때문에 배워가면서 절차에 따라 진행 하였다. 한국은행에서 해외투자 허가를 받았고, 대한무역진흥공사에서 해 외투자설립을 진행하였다. 해외에서는 그 나라 국무성의 허가 절차에 따라 공장설립 허가를 받아 공장을 설립하는 것이었다. 공장이 가동되고, 그 이 후 원활하게 운영될 수 있는 기본업무 시스템을 갖추기까지 모든 면을 추 진하면서 해외공장 설립에 관한 전반적인 업무를 배우게 되었다. 처음 하 는 업무로 설립과정에서 어려움도 많았지만, 하나씩 배우면서 능력을 키워나갔다. 해외공장 설립에서 가장 어려웠던 점은 공사 납기가 늦어지는 것이었다. 관공서에서 승인을 받으려면, 국민성이 느려서인지 우리나라와는 다르게 시간이 너무 오래 걸렸다. 그래서 공사 기간이 예상했던 것보다 4~5개월이나 연장되었고, 늦어진 일정만큼 비용이 투입되었다. 이렇게 해외에 처음으로 공장을 설립하는 일을 맡아 직접 경험을 통해 공장을 설립할 때의 방법과 유의점을 자연스레 배우게 되었다.

몇 년 후에 태국 춘부리 지역에 공장을 하나 더 설립하게 되었다. 첫 번째 공장을 설립할 때 많은 경험을 해보았으니 배운 방법을 적용하기로 하였다. 태국에서 지역은 다르지만, 허가를 내는 일부터 시작하여 여러 일을 처리할 때 시간과 비용을 절약할 수 있었다. 아쉬웠던 점은 사계절 무더운 나라로 국민성이 '느리게 느리게'로, 공사 진행 속도가 계획한 일정보다 많이 늦어져도 그 나라 사람들은 아무렇지도 않게 생각하였다. 첫 번째 공장설립 때 이미 경험했으므로 공사 기간에 맞출 수 있도록 집중 관리를 하였다. 그래서 계획한 일정대로 공사가 진행되어 비용을 많이 절감할 수 있었다. 경험은 곧 능력이 된다는 것을 깨닫게 되어 경험만큼 중요한 학습은 없다는 말이 실감 났다.

국내 사업장은 주 고객사가 경북지역으로 이전을 하게 되어, 납품 거리가 멀어 공장을 이전하는 것이 훨씬 효율적이었다. 그래서 본사는 그대로 있고, 경북지역에 지점을 설립하기로 하였다. 해외공장을 설립할 때의 경험으로 국내 공장설립을 추진했다. 해외공장은 공장부지 선택에는 어려움이 없었다. 여러 공단이 이미 설립되어 있었기 때문에 그중 한 공단을 선택하고, 필요한 만큼 공장부지를 매입하면 되었다. 그러나 국내는 공장부지부터 알아보는 데 어려움이 있었다. 공장부지를 알아보기 위해 직접 부동산 중개소를 찾아다녀야 했고, 책으로 부동산에 대한 기본적인 지식을 공부해야 했다.

부동산에 관한 공부는 광범위하였고, 무엇부터 공부해야 할지 처음에는 난감했다. 그런데 부동산 책으로 공부하다 보니 점점 호기심도 생겨 부동산 관련 책을 여러 권을 구매하였다. 관심은 많지만 급한 것부터 학습하고 나머지는 다음에 공부하기로 하였다. 우선 토지매입에 대해서 알아야 할 것과 주의할 점을 공부하기로 하였다. 토지매입 시 알아야 할 최소한의 상식은 이렇다. 등기가 맞는지, 건축물대장과 토지대장이 일치하는지, 지번과 도로명이 일치하는지, 등기상 면적과 대장상 면적이 일치하는지, 공업지역인지 준공업지역인지, 농업지역인지, 건폐율과 용적률, 배수로, 폐기물 등 여러 가지를 공부하며 많은 것을 배우게 되었다. 토지매입은 해외와는 달랐지만, 공장을 신축하는 방법은 비슷하였다. 공장 신축 경험이 있었고, 국내라 의사소통도 수월하여 문제 발생 시 문제점을 해결하기도 수월하였다. 공부한 것을 적용하여 발생할 수 있는 문제를 예방하기도 하였다.

책으로 공부한 것이 실제 경험을 통하여 능력이 신장되었다. 무엇보다 소중한 것은 책으로 배워 알고 있는 것을 실제 경험해보는 것이었다. 경험은 최고의 자산이 되었다. 어느 곳에서든지 일을 처리할 수 있는 능력이 되었다. '경험은 곧 능력이며 능력은 곧 고기 잡는 법'이라고 생각하게 됐다. 책을 손에서 놓지 않으며 꾸준히 공부하고, 공부한 지식을 바탕으로 현장에서 직접 부딪혀 일했으며, 이런 경험이 경영 능력이 되었다. 앞으로도 평생 공부하며 배우겠다는 생각이다.

유홍준은 《나의 문화유산답사기 1권》에서 이런 말을 남겼다.

"사랑하면 알게 되고 알게 되면 보이나니, 그때 보이는 것은 전과 같지 않으리라."

필자는 이런 말을 남기고 싶다.

"알면 할 수 있게 되고, 할 수 있으면 시간과 노력과 비용이 적게 드나니, 아는 힘이 얼마나 큰지 때때로 깨닫게 되리라."

공부를 즐거운 놀이처럼 하려면 어떻게 해야 할까?

자격증 시대 – 라이선스가 기회다

"배움을 받아도 생각하지 않는다면 공허하고, 생각만 하고 배우지 않으면 위험하다."

– 공자(孔子)

과거에는 대학 졸업증명서만으로도 충분히 취업할 수 있었다. 그러나 최근에는 취업경쟁이 치열해지면서 자격증이 취업 시장에서 한몫하고 있다. 자격증 시대라고 해도 과언이 아닐 정도다. 이는 취업 시장에서 자격증이 가지는 의미와 중요성을 말해 주는 것이다.

따라서 많은 사람이 자격증 취득에 도전하고 있다. 인터넷과 모바일 기술의 발달로 정보의 대중화가 이루어지고, 다양한 분야에서 자격증 취득이 쉬워진 것도 일조하고 있다. 자격증 취득으로 인한 전문성과 신뢰도가 높아지면서 자격증이 가지는 가치는 점점 높아지고 있다. 하지만 자격증만으로 취업을 보장할 수는 없다. 전문성과 경험, 인성과 함께 갖춘 종합적인 역량을 갖추어야 한다. 다양한 경험과 역량을 갖추고 자격증까지 취득하면 더욱 시너지 효과가 있을 것이다.

　노년층은 늘어나고 있지만, 전체적인 인구는 점점 줄어들고 있다. 앞으로 일이 넘치는 시대가 다가올 것이다. 그래서 공부하여 자격증을 준비하면 기회를 쉽게 잡을 수 있다. 이직 또는 은퇴 후 편안하게 생활하려면 새로운 일에 도전하여야 한다. 특히 시니어 시대 자격증은 필수적인 것이 되었다. 지금은 은퇴 후 10년 이상 일을 원하는 사람들이 많다. 남은 인생을 가치 있고 보람있게 살아가기 위해서이다.

　AI가 대체할 수 없는 직업을 찾아 40~50대가 자격증 취득에 도전을 많이 한다. 자격증 취득을 해 놓으면 노후에 사용될 곳이 반드시 있기 때문이다. 노후가 되어도 일하고 싶을 때 당당하게 일할 수 있도록 해야 한다. 자격증은 노후에 당당하게 일할 수 있도록 만드는 데 필수가 된 것이다.

　'라이선스가 기회다.'라는 말은 라이선스를 취득해 놓으면 기회가 왔을 때 붙잡을 수 있다는 말이다. 라이선스를 취득하면 해당 분야에서 더 많은 일자리와 경쟁력을 갖출 수 있으며, 새로운 도전과 성장의 기회를 붙잡을 수 있다. 그러나 라이선스를 취득하는 것만으로는 충분하지 않고, 해당 분야에 경험과 노하우를 쌓고 전문성 있는 역량을 갖춰야 비로소 라이선스가 제공하는 기회를 최대한 놓치지 않고 붙잡을 수 있는 것이다.

'기회가 왔을 때 기회를 잡을 수 있는 것도 능력이다.

미리 준비해 놓지 않으면 기회가 눈앞에 와도 놓친다.'

준비한 자에게 기회가 온다는 말은 우리가 많이 들어왔고 실제 겪고 있다. 첫 직장 다닐 때는 자격증이 있어도 한 번도 사용하지 않아 묻어 두었었는데, 노후에 유용하게 사용하게 될 줄 몰랐다는 지인의 사례가 있다.

상공회의소 내 소모임이 여러 개 있는데, 그중 하나가 기업의 재무 담당자 모임이다. 인사 · 총무 · 회계 등 다양한 분야에서 월례모임으로 진행하는데, 비슷한 업체끼리 서로 정보를 주고받게 된다. 때로는 아침에 조출(早出)하여 포럼으로 각종 주제를 다루는 강의를 돌아가며 하였다. 이렇게 하다 보니 모임이 유익하여 정년으로 기업을 퇴사하고도 관계를 유지하는 지인이 여러 명 있다.

지인 한 분이 근무하던 회사에 기업 상황이 안 좋아 부득이하게 회사를 그만두게 되었다. 능력도 출중하고 열심히 일하는 분이라 회사를 그만둔다는 것은 자신도 상상조차 하지 못하였다. 50대 초반이고 자녀가 대학생이라 한참 돈이 필요할 때이다. 회사에서도 중역으로 한창 일할 때이기도 하다. 50대에 경영관리 중역 업무로 퇴사하면 새로운 직장을 찾기란 쉽지 않다. 특별한 기술이 없고 경영 업무는 그 회사에 국한되어 있어서 더욱 쉽지 않은 상황이었다. 이럴 때 자격증이 있으면 도움이 되었으련만 그분은 자격증이 없었다. 이렇게 직장인들은 현직에 있을 때 일에 파묻혀 은퇴 후를 위해 자격증을 준비해야겠다는 생각을 하지 못한다. 영원히 일할 것처럼, 현실에만 충실하기 때문이다. 그분은 그 후 몇 년 동안 일용직으로 노동일 등 잡무를 하였다. 비가 오는 날은 일하지 못하여 쉬는 날이 반이나 되었다. 그러다 보니 수입이 많이 줄어들 수밖에 없었다. 노동업무도 점점 힘들어 여러 면에서 어려움이 많았고 버티기가 힘들어졌다.

그래서 본인이 하던 업무로 이직할 곳을 찾기 시작하였다. 그러던 중 첫 직장에서 취득한 자격증이 갑자기 생각났다. 회사 업무에 필요하여 취득한 RI(방사성 동위원소) 자격증이다. '혹시 이 특수한 자격증을 찾는 곳이 있을까?' 하는 마음으로 구인 취업광고를 찾아보았다. 다행히 집에서 가까운 곳에 이 자격증을 필요로 하는 회사가 있었다. '웬 떡이야!' 이력서를 정성을 다해 작성하여 이 회사로 보냈고, 답변이 오기를 기다렸다. 그런데 신기하게도 이 자격증을 보유한 사람이 필요하다고 하였다. 그는 오래전에 취득한 자격증으로 새로운 회사에 당당하게 입사하게 되었다. 이 자격증이 이때 써먹을 줄이야 본인도 몰랐다. 그 후 이 자격증 덕분에 편하게 일할 수 있었다고 하였다. 자격증의 전문성과 신뢰도를 다시 한번 입증받은 것이다. 그는 자격증이 있었기 때문에 50대에 새로운 직장에 취업하게 되었고, 그 후 교육을 더 이수하여 한 단계 더 높이 도약하려고 관련된 공부를 하는 중이다. 그는 자격증이 이렇게 소중하다는 것을, 다시 한번 느끼게 되었다고 하였다.

지인의 얘기를 듣는 순간 '아차'하는 생각이 들었다. 이참에 필자도 하고 싶은 공부를 실천으로 옮겨야겠다고 마음먹었다. 경영 업무를 40년 동안 하면서 오로지 경영과 관련된 공부를 주로 하였다. 특별한 라이선스 하나 없었다. 곧 정년이 다가와 퇴직해야 하니 퇴직 이후의 삶이 그려졌다. 물론 경영은 모든 곳에 적용되니 시너지가 있을 거라고 생각은 되었다. 마음이 급해져 경영 업무와 관련하여 세컨드라이프를 위해 무엇을 할 수 있는지 자격증을 알아보기 시작하였다.

　시니어 인구가 증가하면서 학습하는 시니어들이 많아졌다. 시니어 시대 가장 많은 직업군을 알아보니 직업상담사, 사회복지사, 평생 교육사를 비롯하여 다양했다. 평생학습의 시대가 온 것이다. 나는 평소 책 읽고 공부하는 것을 좋아하니 평생 교육사 자격증에 도전하고 싶었던 생각을 하고 있었다. 새로운 지식을 습득하고 습득한 지식을 경영학에 접목하여 교육하는 일을 하고 싶었다. 이렇게 생각만 하고 실천하지 못하고 있었던 차에 도전하기로 하였다. 사회복지 공부를 하여 사회복지사 2급을 수료하였다. 다음은 석사 학위를 받기 위해 등록하였고, 평생 교육사 공부도 병행하려고 한다. 늦은 나이지만, 하고자 하는 꿈에 조금 더 가까이 가고자 새로운 도전을 시도하는 것이다. 그동안 하고 싶은 공부가 많이 있었지만, 시간이 없다는 이유로 미루고 또 미루었었다. 그러나 시간이 없다고 생각하면 아무것도 할 수 없다. 자신이 하고자 하는 마음만 있다면, 조금씩 움직이다 보면 꿈에 어느새 가까이 다가가게 될 것이며, 마침내는 이루어내고 말 것이다. 틈틈이 시간을 내어 미래를 위해 자격증 하나라도 취득하면 분명 기회는 올 것으로 생각한다. 자격증 취득을 위해 온라인으로 공부할 수 있고, 예전보다 자격증도 다양해졌다.

시인 나카무라 마츠루(Mitsuru Nakanura)가 한 다음 말을 기억하고 라이선스가 기회를 잡을 수 있도록 도와준다는 사실을 잊지 않았으면 좋겠다.

"인생은 곱셈이다. 어떤 기회가 와도 내가 제로면 아무런 의미가 없다."

인생은 곱셈이다. 얼마나 매력 있는 논리인가! 열심히 노력하면 두 배로 돌려받지만, 아무것도 하지 않으면 되돌아오는 것도 없고, 오히려 마이너스 인생이 되는 것이다. 곱셈의 효과를 가져올 수 있는 인생을 산다면, 보람차고 가치 있는 인생이 될 것이다.

공부가 부자를 만든다

"부자가 되고 싶다면, 부자가 되고 싶은 열망이 있다면 그렇게 될 수 있다. 문제의 핵심은 자신감이다. 해낼 수 있다면, 자신감과 흔들리지 않는 믿음이 있다면 부자가 될 수 있다."

– 펠릭스 테니스(Felix Tennis)

자신감을 어떻게 키워야 할까? 부모님이 농사를 지으셔서 경제적으로 넉넉한 생활은 아니었지만, 부모님의 따뜻한 사랑을 받고 자란 덕분에 인생을 살아가는 데 꼭 필요한 자신감과 긍정 마인드를 지니게 되었다. 초등학교와 중학교는 시골에서 다녔다. 초등학교는 집에서 가까운 거리에 있었지만, 중학교는 집에서 4km나 떨어진 읍내에 있었다. 십 리 길을 주로 걸어 다녔는데, 가끔은 자전거를 타고 다니기도 했다. 방과 후 집으로 걸어올 때면 친구들과 가위·바위·보를 하며 코스모스 꽃잎을 하나씩 따면서 장거리의 지루함을 달래기도 했다. 그 당시는 멀고 험한 길이었지만, 40여 년이 지난 지금은 아름다운 추억의 길이 되었다. 중학교 교과성적에 따라 지원하는 고등학교가 달라지기 때문에 아파도 결석하지 않고 열심히 다니며 공부했다. 원하는 고등학교에 들어가면 인생이 달라질 수 있기 때문이다.

고등학교는 도시에서 다녔다. 시골에 있는 학교도 좋았지만, 도시로 나가 성공하기를 원해서이다. 도시로 나가야 성공할 수 있다는 그런 믿음이 있어서이다. 실제로 도시로 나가서 성공하는 경우가 많았다. 나 또한 성공하고 싶은 열망이 있었기에 열심히 공부하였고, 그 결과 도시에 있는 고등학교에 가게 되었다.

담임 선생님께서도 시골 학교보다는 꿈을 이룰 수 있는 도시로 나가 성공할 수 있기를 바라셨다. 그래서 도시에 있는 학교로 갈 수 있도록 공부를 열심히 시키셨다. 아침부터 저녁 늦게까지 정규시간 외에도 공부를 더 하게 하셨다. 무조건 공부할 수 있도록 시간을 만들어주셨다. 우리가 교과 성적이 떨어지면 시험 후 학교운동장을 뛰게도 하셨다. 정신무장을 시키고자 함이었다. 대부분의 학생이 4km 정도를 걸어 학교에 다녔기 때문에 기본 체력은 있었다. 운동장을 여러 바퀴 뛰게 하셨고, 우리가 뛰다가 지치면 멈추게 하여 연설을 시작하셨다. 그때 선생님께서 늘 외치라고 하셨던 구호가 있다.

"억울하면 출세하라. 출세하려면 공부를 잘해야 한다."

공부하면 출세 확률이 높아서 공부를 강조하셨고, 공부하지 않으면 시골에서 농사를 지으며 출세한 친구를 부러워하며 살아야 한다고 하셨다. 이렇게 체력 단련 후 맑은 정신으로 공부를 시켰다. 지금은 시골에서도 할 수 있는 일이 많고 시니어들이 살고 싶어 하는 곳이 되었지만, 그 당시는 시골에서 농사 외에 별로 할 일이 없었기 때문에 도시에 가서 사는 것이 시골 사람들의 로망이었다. 운동장을 어렵게 뛰고 나면 선생님 말씀이 더 강력하게 머릿속에 박혔다. '공부해야 출세하는구나!' 도시로 나가 공부하여 꼭 출세하고 말겠다고 다짐했다.

시골에서 농사를 지으며 살고 싶지 않았고, 도시로 가서 출세하고 싶었기 때문에 죽어라 하고 공부하였다. 등·하굣길에서 영어책을 통째로 외워 버렸고, 국어책의 내용을 머릿속에 다 넣고 다닐 정도로 교과서를 읽고 또 읽었다. 공부가 쉽다는 것을 이때 알았다. 모르는 것도 다 외우면 답이 나왔다. 물론 예전 공부방식이지 지금 공부방식은 아니지만 말이다. 중학교 때 선생님을 통하여 공부하면 출세하고 부자가 된다는 말을 머리에 박히도록 들었기에 누구에게도 뒤지지 않으려고 열심히 공부했고, 드디어 고등학교는 도시로 나가 공부하게 되었다.

고등학교를 졸업하고 가정 형편상 취업해야만 하는 상황이었으므로, 대학에는 진학하지 못했다. 그래서 우선 알바를 하면서 공부를 병행했다. 회사에서 열심히 일한 덕분에 알바에서 정직원으로 채용되었고, 공부는 잠시 미뤄두고 회사 일에 전념하게 되었다. 회사에서 다양한 업무를 처리하면서 시간은 정신없이 지나갔다. 이렇게 회사원들이 열심히 일하니 회사는 계속 성장할 수밖에 없었다. 회사 성장에 따라 업무도 많아졌다. 새로운 업무가 주어질 때마다 해결하기 위해 제일 먼저 공부를 하였다. 문제를 해결하는 원리를 생각하며 책에서 찾아보는 습관을 이때 들였다. 이런 일들이 계속 반복되면서 공부하면 어떠한 점이 좋은지 알게 되었다. 공부는 업무를 효율적으로 처리할 수 있게 만들었다.

자투리 시간에 무조건 책을 읽었다. 그렇게 읽은 책 속에 있는 내용을 업무에 접목하였고, 마음의 양식도 점점 쌓이게 되었다. 공부로 인하여 먼저 마음의 부자가 되었다. 이렇게 끊임없이 공부한 결과 승진하게 되었고, 마침내 어릴 적 꿈이었던 시골에서 벗어나 도시로 가서 출세하겠다는 꿈을 이루어 내었다.

공부가 경제적인 자유도 가져다주었다. 그 당시 직장인들의 최대 목표는 주택을 마련하는 것이었다. 안양시 기업체에 근로자들을 위한 아파트를 제공하고 있었다. 우리 회사직원들도 근로자아파트를 받을 수 있는 조건이 되었다. 입지가 좋은 평촌신도시에 약 8백 세대를 기업체에 제공한다는 것이었다. 조건에 맞게 서류를 준비하여 접수하였다. 운 좋게도 20세대를 배정받았다. 근로자에게 제공하는 아파트는 일반분양가보다 훨씬 낮고, 분양가의 70~80%까지 대출도 가능하였다. 대출이자도 낮았다. 그 당시 조건이 좋아서 기업별 경쟁률이 높았다. 우리 회사에서 배정받은 20세대는 적격자가 16명이었고, 나머지 4세대는 적격자가 없어 아쉽게도 반환하게 되었다.

그 당시 나는 미혼이라 해당이 되지 않았고, 1년 후 결혼하여 주택마련이 가장 큰 과제라는 것을 알게 되었다.

주택은 그 당시 5년 이상 열심히 아끼며 저축하여야 겨우 마련할 수 있었다. 열심히 모아서 5년 후 집을 사려면 주택가격 상승으로 저축한 돈으로는 주택마련은 더욱 어려웠다. 그러나 근로자아파트는 계약금이 적었고, 70~80%까지 대출을 활용할 수 있었으며, 이자도 저렴하여 근로자에게는 최고의 조건이고 혜택이었다. 이런 조건은 그 어디에도 없었다. 무엇보다 적은 계약금만 있어도 주택을 마련할 수 있다는 게 가장 큰 장점이었다. 근로자아파트 구입은 나에게 간접경험이었지만, 아주 큰 교훈을 얻었다. 종잣돈이 많지 않은 나는 '언제 주택을 살 수 있을까?' 늘 고민하도록 만들었다. 주택을 산다는 것은 먼 미래가 아니라, 대출을 잘 활용하면 가능할 수 있겠다는 확신도 들었다. 대출은 제때 상환을 하지 못하면 아파트가 경매로 넘어가는 경우도 가끔 있어 상환계획 없이 대출받으면 안 되었다. 반면 대출의 장점을 잘 활용하고 제때 상환할 수 있다면 주택을 마련하는 좋은 기회라는 확신이 들었다. 저축이 물가상승을 따라갈 수 없다는 것도 알았다. 나의 신용도 평가받는 좋은 기회라고 생각하였다.

대출에 대해 구체적으로 공부하기 시작하였다. 특히 종잣돈이 적기 때문에 대출을 활용하여 주택을 매입하는 방법을 알아보았다. 마침 신문에 아파트 분양공고가 나왔다. 접수 일정도 촉박하였고, 종잣돈도 많지 않았다. 그러나 대출을 활용하면 되겠다는 생각이 들었다. 대출을 잘 활용하면 이번이 주택을 마련하는 기회가 될 것 같았다. 그래서 무리는 좀 되었지만, 우리나라 '국평(국민 평수)'인 32평을 신청하였다. 가장 인기 좋은 평형이라 경쟁률도 가장 높았다. 아울러 경쟁률이 높아 당첨될 거라는 생각을 하지 못했다. 그런데 발표 날짜에 '당첨을 축하드립니다.'라는 문자가 왔다. 생애 첫 주택 매입을 하게 된 것이다. 꿈인지 생시인지 믿어지지 않았다. 당첨의 기쁨은 잠깐이고 돈부터 걱정이 되었다. 공부한 대로 대출을 활용하기로 하였다. 여러 절차를 걸쳐 어렵게 부족한 자금을 대출로 충당하여 결혼 후 5년 만에 아파트 매입을 하게 되었다. 대출을 활용하지 않고, 모두 현금으로 하려고 했다면 그 후 5년은 더 걸렸을 것이다. 저축은 아무리 해도 물가상승을 따라가기는 어렵다. 대출을 잘 활용한 레버리지 효과로 나를 부자로 만들었다.

대부분의 사람은 종잣돈이 없어서 부동산 투자를 하지 못한다고 생각한다. 대출을 활용하는 방법은 많이 꺼리고 있다. 그러나 대출을 잘 활용하면 자산을 늘리는 좋은 기회를 잡을 수 있다. 그래서 부동산 투자에서 위험을 줄일 수 있는 구체적인 방법을 좀 더 공부했다. 그 당시 한창 붐이 일어났던 재건축 재개발을 공부했다. 조건에 맞는 여러 곳을 알아보고 미래가치가 있는 곳을 찾아 재건축이 초기 진행되고 있는 아파트를 매입하였다. 낡고 허름한 아파트였지만, 지분율이 높았고 전철역이 가까워 교통의 편리성이 있어 투자하기 좋은 곳이었다. 이런 결정은 자산을 늘리는 데 큰 몫을 하였다.

필자에게 공부는 두 가지 부자로 만들어주었다. 하나는 새로운 지식이 쌓여 지식의 부자가 되었고, 또 하나는 돈 버는 방법을 터득하게 만들어 물질적으로 자유를 누릴 수 있는 경제적 부자로 만들어주었다. 공부는 누구나 할 수 있고, 누구나 부자가 될 수 있도록 만든다. 부자가 되고 싶다면 지금 공부하기 바란다. 공부는 자신의 인생에 대한 예의다.

공부가 불러오는 놀라운 힘

"공부는 당신이 살아가는 방식을 변화시키는 가장 좋은 방법이다."

– 윌리엄 폴드(William Pauld)

공부를 좋아하는 사람은 많지 않다. 그러나 성장하기 위해 죽을 때까지 해야 하는 게 공부다. 사람들은 취업하면 공부가 끝인 것으로 생각한다. 그동안 해온 공부로 직장생활을 하고, 살아가는 데 불편함이 없다고 생각들한다. 그러나 새로운 공부를 하지 않고는 자신의 미래가 불확실하다는 생각이 들 것이다. 더구나 지금은 사회가 급변하고 있어 공부해야만 변화에 대처할 수 있으므로, 평생 공부해야 하는 시대가 된 것이다.

공부한다고 하여 필요한 것을 당장 다 얻을 수는 없다. 원하는 답이 바로 나오면 좋겠지만, 그렇지 않은 경우가 대부분이기 때문이다. 그러나 공부를 꾸준히 하여 지식을 쌓는다면, 놀라운 일들이 많이 일어나게 된다. 새로운 지식과 기술을 습득할 수 있어 전문성과 경쟁력을 높일 수 있고, 새로운 일자리와 창업의 기회를 가질 수 있다. 또한 공부는 두뇌 활동을 촉진하므로 뇌 기능을 활발하게 유지할 수 있다. 자신감도 높여 주고, 잠재력을 발휘할 수 있게 하며, 어려운 문제를 해결할 때 도움도 준다. 그뿐만이 아니다. 삶의 질을 높여 주고, 자신이 하는 일에 더욱 집중할 수 있게 만들며, 삶을 더욱 풍요롭고 행복하게 만들어 준다.

필자는 책을 좋아하기 때문에 신간이 나오면 서점을 들르는 습관이 있다. 그동안 경험한 바로 보면, 책은 삶에서 가장 훌륭한 멘토였다.

어느 날, 서점에 가서 신간을 찾아보고 있었는데, 한눈에 들어오는 책이 있었다. 바로 이종선 작가의 《멀리 가려면 함께 가라》이다. 작가가 말하기를, "멀리 함께 가는 사람은 적이 없고 서로 도우면서 일을 한다."라고 했다. 이 책을 보는 순간 한 사람이 떠올랐다. 그동안 나와 함께 멀리 달려온 사람이다. 15년 전 모임에서 만난 친구로, 나처럼 경영 업무를 담당하는 사람이다. 그래서 더욱 친하게 지냈다. 우리는 한동네 살면서 자주 만나게 되었고, 개인 일이든 회사 일이든 서로 터놓고 얘기하며 지내는 사이였다. 우리는 늘 공부하고자 하는 열망이 있었고, 어떤 일이든 도전하는 것도 좋아하였다.

우리는 멀리 함께 가기 위해 주말에 새벽 산행을 하기 시작하였다. 산에 올라가 한 주에 있었던 이야기로 서로 수다를 떨며 스트레스를 풀었다. 정상에 오르면 우리의 아지트가 있다. 그곳에서 김밥을 먹고, 커피 한 잔을 마시며 여유를 가졌다. 산행은 우리 인생길과 비슷하였다. 산에 오르며 삶의 지혜를 얻고 더 높은 목표를 향해 높고 험한 산길을 한 걸음씩 나아갔다. 인생길에서도 지식과 지혜를 얻으려고 공부하며 한 걸음씩 나아가는 것이다. 우리는 한 주에 있었던 업무와 다음 주에 있을 업무에 도움이 될 수 있는 얘기를 서로 주고받았다. 그러면서 우리는 멀리 함께 가자는 말을 하곤 하였다. 멀리 함께 가자는 말은 어렵고 힘들 때 서로에게 힘이 되어 선의의 경쟁도 하면서 나아가자는 말이다.

우리는 멀리 함께 가기 위해 서로에게 신뢰가 필요했고, 신뢰의 기본은 서로가 약속한 바를 지키는 것이었다. 일상생활에서 한 작은 약속도 우리는 꼭 지키는 사이이다. 예를 들면, 새벽 산행 시 만나는 약속 시각을 한 번도 어긴 적이 없다. 또한 우리는 서로에게 능력을 인정받는 것이었다. 하는 업무는 물론 회사 성장에 따라 우리도 같이 성장할 수 있는 능력을 쌓기 위해 공부했다. 회사 일을 마치면 늦은 시간이라 공부하기가 쉽지는 않았으나, 그 친구는 누구보다도 열심히 주말도 없이 경영 공부를 하기 시작했다. 난 회사 업무가 바쁘다는 핑계로 공부해야 한다는 생각만 할 뿐 늘 미루고 있었다.

친구가 공부하여 전문성과 경쟁력을 갖추어 자신감 있게 생활하고 있다는 이야기가 들려왔다. 나도 이젠 공부를 미룰 수 없다는 조급한 마음이 들었다. 모든 핑계를 뒤로하고 경영 공부를 하기 시작했다. 친구와의 시차는 있었지만, 열심히 일과 공부를 병행하면서 형설지공(螢雪之功)하였다. 에디슨이 "변명 중에서도 가장 어리석고 못난 변명은 '시간이 없어서'라는 변명이다."라고 했는데, 열성적인 친구와 함께 꾸준히 10년을 공부하니 공부의 효과는 여러 현상으로 나타났다. 회사 임원이 되었고, 자신감 있는 삶으로 변화하였으며, 경영 업무처리에 도움이 되었다. 우리는 서로에게 공부 전염을 시킨 것이었다. 그리고 서로 롤모델이 되었다. 새로운 지식은 점점 쌓였고 회사에서도 능력을 인정받아 승진도 하였다. 또한 이러한 능력으로 리더십을 발휘할 수 있었고, 직원들을 교육하면서 더불어 필자도 성장하였다.

자신감으로 무장하면서 도전을 주저하지 않게 되어 새로운 업무가 주어져도 두렵지가 않았다. 이러한 자세는 시간이 지나며 시너지 효과로 여러 업무에 접목되었다. 열심히 공부한 친구는 박사학위까지 받았으며, 지금도 공부를 계속하고 있다. 우리는 이렇게 서로에게 동기부여를 하며 선의의 경쟁을 하고 있다.

친구로 인해 필자도 다시 공부하게 되었고, 전공 분야 공부를 게을리하지 않은 덕분에 총괄경영업무를 맡게 되었다. 전공 분야가 아니어도 해야 할 공부는 많았다. 코로나 시대에 사회가 급변하고 있으므로, 공부하지 않으면 도태되고 만다. '천릿길로 한 걸음부터'라고, 한 단계씩 공부해나가면 된다. 기본부터 하나씩 꾸준히 공부하다 보면, 도가 트는 때가 있을 것이다. 그러면 공부의 효과가 놀라운 힘으로 나타나게 될 것이다. 공부는 끝이 있는 것이 아니고, 꾸준히 지속해야 놀라운 일이 일어나게 된다.

지금은 평생 교육 시대이고 시니어들이 많이 공부하고 있다. 세컨드라이프에 할 수 있는 일을 찾아 평생 교육사를 공부해야 한다. 필자 또한 처음에는 무엇을 해야 할지 망설였지만, 공부를 하다 보니 무엇을 하고 싶은지, 무엇을 할 수 있는지 알게 되었다. 시도하지 않으면 아무것도 얻을 수 없듯이, 공부하지 않으면 무엇을 하고 싶은지도 모르는 것이다. 자신이 무엇을 하고 싶은지 알아보기 위해 공부를 시작해 보기 바란다. 필자의 좌우명이라고 할 수 있는 신조어가 있다. 중소기업에 근무하면서 어려운 일들이 발생할 때마다 포기하지 않고 끝까지 해내고야 말겠다는 마음으로 일해온 불포가인(不抛加忍)이다.

꾸준히 포기하지 않고 공부를 지속하여 쌓이게 된 지식과 경험을 바탕으로 자신감 있게 동료들의 모범이 되어 일하고 있다. 미래를 위한 공부도 지금 계속하고 있다. 공부는 미래의 행복과 가치 있는 삶을 위한 것이다. 조급하게 생각하지 말고 지금부터 시작해 보길 바란다. 공부가 불러오는 놀라운 힘을 믿고 꾸준히 공부해 보길 바란다. 분명 당신도 공부가 불러오는 놀라운 힘을 알게 될 것이다.

키타노 다케시는 이렇게 말했다.

"공부하니까 무엇을 하고 싶은지 안다. 그러나 공부를 하지 않기 때문에 무엇을 하고 싶은지 모르는 거다."

일단 공부를 해보는 것이다. 해보지도 않고 자신은 공부 못한다고 말하는 사람들이 있는데 이들은 게으른 자들로, 공부하기 싫다는 말을 달리 표현한 것이다. 공부는 자신의 열정을 펼쳐가는 과정이다. 공부하다 보면 자신이 무엇을 잘하는지, 무엇을 하고 싶은지를 알게 될 것이다.

3장

40년 일하면서
깨달은
경영의 비밀

01

비전을 세우고 달려라

"명확한 목적이 있는 사람은 가장 험난한 길에서도 앞으로 나아가고, 아무런 목적이 없는 사람은 가장 순탄한 길에서조차도 나아가지 못한다."

– 토머스 칼라일(Thomas Carlyle)

우리 회사는 1970년대 창업한 뿌리산업인 플라스틱 사출과 금형을 제작하는 제조업이다. 금형과 사출은 우리 일상생활에 필요한 기초제품이고, 기초산업으로 없어서는 안 될 제조 산업이다. 금형 제작은 공정마다 기술이 필요한 여러 공정에 의해 생산이 완료된다. 1970년대는 산업이 성장했던 시기로, 금형과 사출도 빠르게 성장하였고, 영업할 필요성이 없을 정도로 일이 많았다. 금형은 공정마다 기술자가 필요하지만, 사출은 장치산업으로 한 사람의 기술자가 오퍼레이터를 관리할 수 있으므로, 금형보다는 관리가 수월한 업종이었다.

고객사로는 S 전자가 주 고객이었고, 제품군으로는 흑백 TV, 냉장고, 세탁기, 오디오, 컴퓨터, 전화기 등 전자제품을 주로 생산하였다. 산업 발전의 호황으로 우리 회사도 급격하게 성장하는 시기였다. 경제발전에 따라 국민소득이 높아졌고, 삶의 수준도 높아졌다. TV는 흑백에서 컬러TV로 바뀌었고, 김치냉장고가 별도로 나왔으며, 세탁기는 수동에서 자동으로 바뀌었다. 그뿐만이 아니다. 오디오는 점점 사라지고 MP3가 나왔고, 전화기는 스마트폰으로 바뀌었다. 금형 제작도 수동 작업에서 자동화로 바뀌었고, 제작 기간도 단축되었으며, 디자인 수준도 높아졌다. 우리 회사는 일이 점점 증가하여 앞으로도 계속 잘 될 거라 믿었다.

2000년대에 사회가 급변하기 시작하였다. 인건비는 폭등하였고, 대기업은 수요가 많아짐에 따라 인건비가 싼 해외로 생산기지를 옮기기 시작하였다. 동반 진출을 하지 못한 협력업체들은 일감이 줄어들기 시작하였다. 그동안 기술이 혁신적으로 발전하였고, 경쟁업체도 많이 증가하였다. 경쟁은 점점 치열해졌다. 미래를 예측하고 준비해야 했지만, 중소기업은 그럴만한 여력이 있지 않았다. 외부의 여러 가지 요인으로 경영에도 어려움이 오기 시작하였다. 우리 회사도 예외가 아니었다. 위기를 대처하기 위해 새로운 업체 발굴을 시작했다. 전자제품이 아닌 의료기, 헬스, LED 등 기존과 다른 제품 영업을 하였다. 또한 인건비 절감과 고용안정을 위해 외국인 연수생을 채용하였다. 내부에서는 원가절감으로 공정개선도 끊임없이 하였다. 다양한 방면으로 돌파구를 찾아 경영을 유지하였다.

고객사는 생산을 해외로 이전하였다. 그래서 부족한 수주를 채우기 위해 새로운 영업을 하였다. 수주업체는 증가하였지만, 제품군이 다양해졌다. 제품군이 늘어나며 기존에 소품종 대량생산에서 다품종 소량생산으로 바뀌었다. 사출업종은 소품종 대량생산이 수익구조가 좋은 것이다. 다품종 소량생산도 제품 단가가 높으면 경쟁력이 있지만, 소규모 창업이 많아서 단가는 점점 내려가는 추세였다. 고객사 증가에 따라 다품종 소량생산은 많아졌고, 일은 증가하였으나, 수익성은 나아지지 않았다. 금형산업이 지금은 많이 보편화되었으나, 예전에는 특수성이 있었고, 일상생활에 꼭 필요한 산업으로 수년간 혜택을 받으며 잘 지켜왔다. 기술은 빠르게 발전하였고, 변화에 부응하지 못하여 경영에 어려움은 점점 심해졌다. 더 이상 변화하지 않으면 최대 위기가 올 수 있는 상황이 되었다. 우리 회사 내부 상황도 좋지 않았다. 직원들은 10년 이상 장기근속자가 많아 다양한 업무 경험으로 일을 잘 해결하는 장점도 있었으나, 반복되는 업무로 타성에 젖어 의욕은 저하되었고, 경영악화로 분위기가 침체되어 생산성에도 영향을 미치게 되었다. 내·외부적으로 위기가 온 것이다.

변화가 절실히 필요한 때였다. 회사에서 조직개편이 시작되었다. 사업팀장이 교체되었고, 필자 또한 사업장을 이동하여 새로운 업무를 맡게 되었다. 금형 회사에서 경영관리 업무를 하였는데, 사출 회사로 이동하여 총괄 사업팀장을 맡게 되었다. 대표이사는 한 사람이지만, 금형과 사출 사업장이 분리되어 있었다.

중소기업에서 살아남기 위해 공부한 것을 경영에 접목하기로 하였다. 확실한 목표를 갖고, 직원들과 함께 노력한다면 현재 위기를 극복할 수 있겠다는 생각이 들었다. 제일 먼저 사명을 생각하고 비전을 다시 세우기로 하였다. 사명은 조직이 나아가고자 하는 목적을 담고 있으며, 조직의 뿌리이자 조직이 추구하는 궁극적인 목적이다. 사명은 최고경영자의 경영 십계명에서 사명과 핵심가치를 포함하고 있었다. 우리 회사의 사명(미션)과 핵심가치다.

비전은 사명이 실현되는 과정에 있는 목표이며, 구성원들과 함께 도달하려는 목적지를 알려주고 이에 맞게 바람직한 행동을 할 수 있도록 하게 만든다. 비전을 구체적으로 세워 목적을 달성할 수 있도록 제시하기로 하였다. 비전을 달성하기 위하여 조직을 대대적으로 개편하였고, 부서별 업무분장을 명확하게 하였다. 효율적인 목표달성을 위해 직원들에게 교육을 실시하였다. 기본교육부터 업무 관련 그리고 마인드 교육까지 맞춤 교육자료를 만들어서 교육했다.

그뿐만 아니라, 감사편지교육도 하였고, 직원들이 감사편지를 직접 써 보며 서로가 배려하며 협력하였다. 직원들은 함께 한다면 무엇이든지 할 수 있다는 자신감까지 갖게 되었다. 교육이 마음을 움직이게 하였던 것이다. 또한 슬로건도 내걸었다.

'I can do it!(나는 할 수 있다).'

'You can do it!(너도 할 수 있다).'

'We can do it!(우리는 할 수 있다).'

슬로건을 매일 외치게 하였다. 침체되었던 의욕이 되살아났고, 직원들이 활기를 되찾았다. 점점 분위기가 전환되기 시작하였다. 슬로건 대로 직원들은 할 수 있다는 자신감이 다시 생겼고, 상대도 할 수 있다고 믿어주었으며, 우리는 해낼 수 있다는 강한 긍정 마인드로 변화하였다. 이런 변화는 목표 달성에 다가가며 실적이 좋아지기 시작하였다. 해가 갈수록 실적은 좋아져 목표달성에 이르렀다. 직원의 긍정적인 변화는 회사 내실을 튼튼하게 하였다. 비전은 새로운 변화로 목표를 달성할 수 있도록 힘을 가져다주는 아주 강력하고 중요한 것이었다. 비전을 다시 세우지 않고 일만 열심히 하였다면 당면한 문제는 해결되었겠지만, 미래의 어려움은 반복되었을 것이다.

회사의 사명과 비전은 나무의 뿌리와 같다. 나무의 뿌리가 흔들리지 않아야 나무가 방향을 잡고 잘 자랄 수 있듯이, 비전이 명확하여야 목적 달성도 쉬워지는 것이다. 비전을 세우는 데 시간이 걸리지만, 구체적인 계획을 세운다면 달성하는 데 드는 시간은 줄어든다.

지그 지글러가(Zig Ziglar) 이런 말을 남겼다.

"계획을 수립하는 데는 일을 성취하는 데 드는 만큼의 노력을 기울여야 한다."

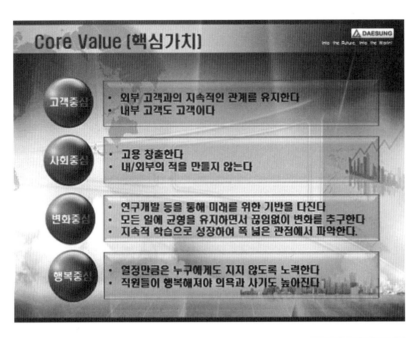

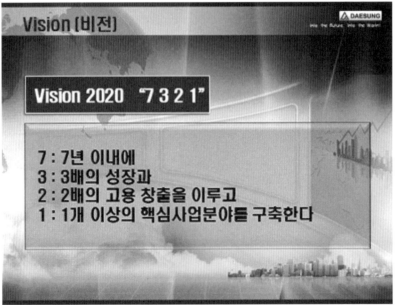

　2010년 초, 비전을 100% 달성은 하지 못했지만, 경영이 정상화되어 흑자로 전환하였고, 직원들은 교육을 받으며 활기를 되찾았으며, 감사와 배려 그리고 긍정 마인드까지 갖게 되어 업무에 시너지 효과로 이어졌다. 이렇게 조직구조가 탄탄하여 어떤 흔들림에도 문제없이 잘 나아갔다.

칭찬은 인생을 춤추게 한다

"칭찬은 바보를 천재로 만든다."

– 헬렌 켈러(Helen Keller)

'칭찬은 귀로 먹는 보약'이라는 말이 있다. 그만큼 칭찬 한마디가 조직을 살리는 밑거름이 되기 때문에 조직관리 교육 시 '칭찬합시다.'라는 말을 외치게 하고 교육을 시작했던 때가 있었다. 직장에서 칭찬은 업무능력을 인정하는 것과 같아서 듣는 사람은 더욱 분발할 수 있는 계기가 된다. 또한 칭찬은 대인관계에서 엄청난 힘을 발휘할 수 있게 만든다.

회사는 시스템으로 일하기 때문에 회사원들이 시스템에 의하여 일하면 아무 문제가 없을 것으로 일반 사람들은 생각한다. 그러나 기계도 사람이 움직이게 하는 것이다. 기계를 움직이게 하는 사람의 마음을 움직여야 같은 일을 하여도 결과물은 다르다. 사람의 마음을 움직이게 하는 것이 무엇일까? 그것은 바로 칭찬이다. 그래서 칭찬으로 인사 및 조직관리를 끊임없이 해야 하고, 인간관계를 원활하게 해야 한다. 《데일 카네기의 인간관계론》에서도 사람을 움직이는 세 가지 요소가 있다. 첫째, 남을 비난하지 않기. 둘째, 진심으로 칭찬하고 격려하기. 셋째, 상대방 마음속에 강한 욕구를 불러일으키도록 만들기이다. 그만큼 칭찬은 인간관계에서 매우 중요하다는 것을 알 수 있다.

필자가 사업팀장으로 업무를 시작할 때 가장 먼저 시행한 것은 직원들 교육이었다. 조직을 안정시키기 위해 기본적인 교육과 업무교육은 필수였고, 무엇보다 마인드 교육을 중요시했다. 마인드 교육으로 열정을 끌어내어 억지로 일하기보다 스스로 일하여 보람을 찾는 상황을 만들어주는 게 필요하다고 생각했기 때문이다. 이렇게 일하면 상사와 팀원 간의 인간관계도 좋아지고, 업무도 원활하게 진행하게 된다. 이렇게 만들어주는 것이 바로 칭찬이다.

칭찬은 일터에서의 기운을 내게 하는 활력소이고, 돈을 들이지 않고도 사람을 성장시키는 최고의 보상이며 선물이다. 그래서 마인드 교육을 하면서 칭찬을 아끼지 않고 맘껏 하리라 생각했다. 그런데 생각과는 달리 칭찬하는 게 쉽지 않았다. 상사는 부하직원을 칭찬하는 데 인색하다는 말을 들었는데, 나 또한 그런 상사였다. 직원이 정성을 들여 작성한 보고서가 올라오면 도대체 맘에 들지 않아 눈살을 찌푸렸다. '교육받을 때 도대체 뭘 배웠나?'

하는 생각이 들 정도로, 보고서의 허점만 보였다. 직원에게 칭찬보다 상처받는 말만 하게 되었다. 그 후 직원은 보고서를 올릴 때마다 내 눈치를 보면서 자신감이 없는 모습을 보였다.

인디언 속담에 이런 말이 있다. "누구를 평가하려면 그 사람의 신발을 신어 보아라." 남의 신발을 신어 본다는 것은 그 사람의 입장을 제대로 이해해 본다는 것이다. 칭찬은 부정적인 편견을 버리지 않고서는 하기 어렵다는 것을 알게 되었다. 마음으로는 이해가 되는데 행동으로는 쉽게 옮겨지지 않았다. 직장에서 부하직원을 인정하고 칭찬하는 것은 상사로서 꼭 필요한 덕목으로, 어머니로부터 칭찬을 들었을 때의 그 기쁨을 생각하며 직원들에게 칭찬하기 시작했다.

칭찬할 수 있는 것도 내 안에 긍정의 사고방식이 있어야 한다. 그래서 우리 직원들도 긍정적인 사고방식을 갖게 하고 싶었다. 바로 이나모리 가즈오의 저서 《왜 일하는가》를 읽고 내용을 요약하여 'SUCCES FOU(엄청난 성공방정식)'이라는 주제로 교육하였다. 칭찬을 주고받으며 즐겁게 직장생활을 할 수 있도록 하기 위해서였다. 교육은 직원의 행복한 삶을 위한 것이고, 회사에서 신나게 일할 수 있는 사고방식을 갖게 하는 데 목적이 있다. 또 다른 목적을 하나 더 꼽는다면, 무슨 일이든 열정을 쏟는다면 이루어낼 수 있다는 신념을 갖게 하는 것이었다.

즐겁게 일하고, 일하는 기쁨을 함께 나누며, 긍정적인 사고방식으로 열의를 갖고 성실하게 일하면 실적은 분명히 있게 마련이다. 능력은 타고나는 것도 있지만 꾸준한 노력으로 기를 수도 있다. 그리고 동료에게는 배려할 줄 알아야 하고, 자신의 삶에 만족할 줄 알며, 작은 일에도 감사하는 마음을 가져야 성공할 수 있게 된다. 이것이 바로 인생성공방정식(능력 · 열의 · 사고방식)이다.

다음은 직원들 교육자료 중 일부분이다.

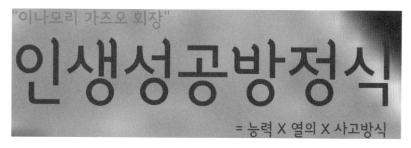

"이나모리 가즈오 회장"

인생성공방정식

= 능력 X 열의 X 사고방식

"+ 사고방식"을 지닌 사람은 인생 역시 "+" 상태에 놓이고 "- 사고방식"을 가지고 있다면, 아무리 능력이 좋고 열의가 높아도 인생은 "-" 상태에 머물고 만다.

이름	능력	열의	사고방식	성공점수
박과장	90점	30점	+1점	+2700점
김과장	60점	90점	+90점	+486,000점
조과장	60점	90점	-1점	-5400점
이과장	90점	60점	-90점	-486,000점

성공방정식 교육은 개인의 성장과 조직의 발전을 가져왔다. 사고방식을 바꾸게 하는 데 직원들에게 칭찬을 아끼지 않았다. 열의를 갖고 일하는 직원들이 눈에 띄기 시작했다. 서로가 서로에게 인사하며 자연스럽게 건네는 인사말에서 상대방을 존중하는 마음이 전달되었다. 칭찬으로 인하여 직원들은 변화하기 시작하였다. 밝은 미소로 일을 즐기며 하게 되었고, 업무능력은 향상되었다. 자신감 있게 작성한 보고서도 올라왔다. 일하는 능률도 배가 되어 실적도 올리게 되었다. 이렇게 바뀐 마인드로 직원들은 지금껏 열심히 일하고 있다. 직원에게 일을 맡기는 것은 직원의 능력을 인정한다는 뜻이다. 그리고 직원들이 능력을 발휘할 수 있게 만든 것은 바로 칭찬의 힘이었다. '칭찬은 고래도 춤추게 한다.'는 말이 있듯이, 칭찬으로 직원들의 인생을 춤추게 하였다.

칭찬하려면 상대방을 살필 수 있는 안목과 자신이 먼저 긍정적인 사고를 지니고 있어야 한다. 사랑도 받아본 사람이 사랑할 줄 알고, 음식도 먹어본 사람이 그 맛을 알 수 있듯이, 칭찬도 받아본 사람이 칭찬의 위대함을 알고 칭찬할 수 있다.

필자가 직원들에게 칭찬을 많이 할 수 있었던 것은 어머니로부터 늘 받아온 칭찬 덕분이었다. 어려서부터 회초리 한 번 맞아보지 않고 늘 칭찬을 받으며 자랐다. 경제적으로 넉넉한 가정은 아니었지만, 어머니의 자식 사랑은 그 누구보다도 강하셨다. 무슨 일이든 실수하여도 괜찮다고 하시며, 늘 포용과 칭찬으로 감싸주셨다. 이런 칭찬은 일상생활에서 자신감과 긍정적인 사고방식을 지니게 되었다. 긍정 마인드는 내 인생 최고의 장점이 되었고, 직원들 교육 시 도움이 되었다.

　내게 칭찬을 많이 하셨던 우리 어머니는 100세가 넘으셨다. 슬하에 7남매 자녀들은 도시에서 생활하고 있다. 막내딸인 나는 어머니께 매일 안부 전화를 드린다. 어머니는 전화를 받으시면서 마을에서 있었던 이야기를 줄줄이 꺼내놓으신다. 그리고 자식들이 잘 지내는지 안부를 물으신다. 요즘은 건강이 점점 쇠약해지셔서 마을 이야기는 사라지고 말씀도 많이 줄었다. 그래도 꼭 하시는 말씀이 있다. 100세가 넘으신 어머니는 전화를 끊을 때면 "바쁜데 매일 전화 줘서 고맙고 이쁘다. 너 같은 딸이 어디 있니?"라고 하신다. 안부 전화를 드렸을 뿐인데, 전화를 끊고 나면 어머니의 칭찬이 지친 하루를 보상받는 기분이다. 100세가 넘으셔도 곱고 예쁜 언어로 늘 한결같이 딸을 칭찬하시는 어머니가 존경스럽다. 어머니는 내 삶의 좌표이자 나침반이다. 어머니의 칭찬으로 늘 자신감 있게 살 수 있었고, 내가 교육하면서 직원들에게 칭찬할 수 있는 에너지는 어머니에게서 왔다. 직원들에게 칭찬을 잘할 수 있도록 가르쳐 주신 분이 어머니이시다.

칭찬은 상대를 높이 평가하는 것으로, 칭찬을 받은 사람은 기분이 좋아질 수밖에 없다. 그래서 칭찬은 가정과 회사 그리고 그 밖에서도 삶을 즐겁게 만들어준다. 요즘도 어머니의 칭찬은 내 인생을 춤추게 한다.

일을 즐기는 자가 승자다

"일이 즐거우면 인생은 낙원이다. 일이 의무라고 생각하면 인생은 지옥이다."

– 막심 고리키(Maxim Gorky)

누군가 해야 한다면 내가 하고,

언젠가 해야 한다면 지금 하고,

어차피 해야 한다면 웃으면서 하자.

필자의 책상 위에는 이 문구가 붙어 있고, 탁상 다이어리에는 일정이 빼곡히 적혀 있다. 하루를 시작할 때 이 문구를 주문처럼 중얼거리면 쌓인 업무의 부담감은 금세 사라지고, 긍정적인 생각이 마음을 지배하게 된다. 다시 한번 더 "어차피 할 일이고 언젠가 해야 할 일이라면 지금 하자. 이왕 하는 거 웃으면서 하자."라고 외치며 하루를 시작하면, 마음이 훨씬 가벼워지고 상쾌하기까지 하다.

　직장인들은 '하루를 또 어떻게 버티나? 오늘은 또 무슨 일이 나에게 주어질까?'라고 생각하며 하루를 무겁게 시작한다. 업무별 담당자가 정해져 있긴 하지만, 담당 분야 일만 할 수 없는 게 중소기업의 현실이다. 중요한 일이 갑자기 발생하는 경우가 많기 때문이다. 그래서 네 일, 내 일 구별할 것 없이 성격 급한 사람이 처리하거나 나처럼 일을 좋아하는 사람이 맡게 된다. 나는 일을 눈앞에서 보고는 그냥 지나치는 법이 없다. 일하기를 좋아하여 나서서 처리하는 성격이고, 내 손익은 계산하지도 않고 한다. 남들이 꺼리는 일도 마다하지 않고 했으며, 내 일이 아니라며 불만을 가져본 적도 없다. 일을 즐기면서 했으므로 일이 쉽게 느껴진 것도 한몫했다. 이렇게 처리한 업무는 자연스레 내 일이 되어버렸다. 그 결과, 본 업무 외에 발생하는 일로 인해 과부하가 걸리기도 했다. 관리업무는 대부분 일반적인 일로, 급할 때는 부서에 상관없이 할 수 있는 일들이다. 이런 업무를 시켰을 때 대부분은 눈치를 보며 피하려 하고, 용기 있게 거절하면 반드시 누군가는 해야 하므로, 불편한 상황이 되어 버린다.

　내가 일하는 곳은 본사 외에 지사가 지방과 해외에 있다. 그 당시 사업장을 확장하는 시기이기도 하였지만, 본사는 통합관리로 업무가 많아 늘 바빴다. 사업장별로 매주 그리고 매월 마감하면서 보고도 해야 했다. 요즘처럼 인터넷이 발달하지 않았을 때라 사업장마다 같은 업무를 반복해야 했으므로, 업무량이 많을 수밖에 없었다. 일을 즐기지 않았다면 고역이었을 것이다. 일을 피하기는커녕 긍정적인 성격으로 즐기면서 업무를 처리하였으니 개인적으로 성장하는 과정이었다. 이렇게 많은 일을 보람을 갖고 즐기며 하니 어떤 일을 만나도 두려움이 없었다. 사람들이 꺼리는 일이나 새로운 일이 나에게 주어질 때 긍정의 주문을 왼다. '근무시간에 할 수 있는 일인데, 내가 좀 더 하면 어때?'라고. 이렇게 하니 회사 일이 쉽게 느껴졌고, 그동안 같은 일을 반복하여 지루함도 있었기에, 새로운 업무에 도전하고 싶은 마음도 있었다. 그럴 때마다 새로운 업무가 발생하였고, 그 기회를 놓치지 않았다. 새로운 업무는 중요한 일이므로 집중력을 갖고 처리하니 회사에 큰 도움이 되었고, 업무처리 능력도 향상되었다. 업무 속도도 빨라져 효율적으로 일할 수 있게 되어, 一石二鳥(일석이조)의 역할을 해냈다.

회사에서 경영관리는 가정으로 보면 살림을 하는 부서이다. 부서별 지원 요청이 있을 때 업무를 지원하는 부서로 특별한 기술은 필요하지 않지만, 없어서는 안 될 중요한 부서이다. 지원업무 외에도 자금관리, 인사관리, 총무관리 등 잡무도 많았다.

관리업무는 실생활에 적용되는 부분이 많은 업무로, 단순히 회사 일이라고만 생각했다면 힘들었을 것이다. 관리업무는 회사의 살림을 맡으면서 가정 살림에도 접목할 수 있는 일들이 많았고, 일상생활을 하는 데에도 도움이 많이 되었다. 일이 재미있어 부담감도 없었고, 이왕 하는 거 잘해야지 하는 마음이었다. 새로운 업무가 발생하면 관련된 책을 찾아보았고, 때론 경험이 있는 지인을 만나 일을 처리하는 방법도 얻어냈다. 이렇게 적극적이면서도 즐겁게 일하니 회사도 성장하였고 나 또한 성장하여 더욱 일을 즐기면서 하게 되었다.

회사를 창업한 회장님께서 건강에 이상이 생겨 사업팀장들에게 업무를 위임하게 되었다. 필자를 비롯한 사업팀장들은 업무가 더 많아졌다. 분기마다 정기적으로 해외 지사로 출장도 잦아졌다. 한 달에 3주는 국내에서, 1주는 해외 지사에서 일하는데 출장 가려면 본사를 비우게 되니 중요한 업무를 선조치하였고 그 외 업무는 업무계획을 구체적으로 세워 직원에게 위임하였다. 이렇게 업무가 가중되어도 힘든 줄을 몰랐다.

정신없이 일하다 보니 해외 출장을 가야 하는 일정이 돌아왔다. 일찍 출근하여 출장업무를 바쁘게 처리하였다. 오후에 남은 업무를 처리하고 공항으로 향했다. 본사 업무 일정상 밤 비행기로 출장을 가야 했고, 해외에 도착한 다음 날 오전부터 업무가 시작되었다. 시간상 잠은 기내에서 자야만 했다.

공항은 늘 사람들로 붐비었다. 특히 동남아는 여행 가는 사람들이 많았다. 출장으로 마음은 무거웠지만, 몸은 가벼웠다. 태국에 도착한 다음 날부터 바쁜 업무 일정이 계속된다. 그래서 탑승하여 4~5시간 푹 자면 피로가 풀릴 것 같았다. 탑승 전 태국 직원들의 선물을 사려고 면세점을 둘러보고 있는데, 두통이 생기면서 몸은 점점 무겁게 느껴졌다. 선물도 사지 못하고 탑승구 앞으로 가서 의자에 앉아 쉬었다. 업무가 가중되니 몸에 무리가 온 모양이었다. 결국은 탑승하여 30분도 안 되어 기내에서 쓰러지고 말았다. 쓰러진 내 모습이 어떠했을까? 다행히 탑승자 중에서 의사 선생님이 계셔서 응급처치를 받았고, 과로라는 진단을 받았다. 승무원은 동반자가 있는지 확인하고자 소지품이 들어 있는 가방을 확인하였더니 서류와 수첩 등 업무자료만 가득하였고, 동반자가 없는 것으로 보아 업무상 출장으로 판단하고 의사 선생님이 응급처치를 해주셨다고 한다. 곧바로 깨어나지 않았지만, 의식에는 문제가 없어 수면을 깊게 취하게 하면서 옆에서 보살펴 주셨다고 한다.

잠을 푹 자고 일어나니 옆에 있던 승무원이 어디가 아프냐고 내게 질문하면서 곧바로 의사 선생님을 모시고 왔다. 잠을 푹 자서 개운하다고 했더니 의사 선생님이 큰일 날 뻔했다면서 다행이라고 하였다. "무리하면 절대 안됩니다. 과로로 판단되는데, 한번 검사를 받아보는 게 좋을 것 같습니다."라고 하였다. 나는 고개를 끄덕였다. 업무 과중으로 몸에 무리가 온 것이었다. 대한항공에서 정성을 다해 나를 보호해주었고, 공항에 도착하여 픽업(Pick Up)하러 온 직원에게 인계하여 에스코트를 받았다. 일하는 중간에도 건강상태를 확인하는 전화가 걸려왔고, 귀국 시 탑승할 때도 보호를 받아 잊지 못할 출장을 마치게 되었다. 해외 출장에서 복귀 후 건강검진을 받았으나 별 이상이 없어 한마디로 과로로 쓰러진 것이었다. 이렇게 과로로 인하여 쓰러진 것도 잊고, 다시 일에 매진하기 시작하였다. 나의 별명은 오뚝이이다. 넘어지면 다시 일어서고 또 넘어져도 다시 일어선다.

"일이란, 자신을 단련하고 마음을 갈고 닦아 삶의 의미를 찾아가는 행위"라고 이나모리 가즈오가 말했다. 그러면 이 말이 나에게도 적용되는 것일까? 일은 경제적·육체적·정신적 가치를 부여하여 행복한 삶을 살아갈 수 있도록 돕는다. 즐기며 일하면 개인적으로 성장하는 것은 물론 그 방면에서 성공할 수도 있다. 지금까지 일을 즐기면서 하였더니 지금 부사장이 되어 일하고 있다.

노력하는 자는 즐기는 자를 따라갈 수 없다. 즐기는 자가 승자가 된다는 말이다. 어차피 해야 하는 일이라면 즐기면서 하라. 즐기면서 일한다면 마음도 풍요로워지고 행복해질 것이다.

중소기업은 태풍이 자주 분다

"인생은 오늘은 나에게 달려 있고, 내일은 스스로 만드는 것이다."

– L. 론 허바드(L. Ron Hubbard)

필자는 나의 직장생활을 '롤러코스터(Rollercoaster)'라고 종종 표현하였다. 40년간 직장생활하면서 예기치 않은 일들이 자주 발생하여 순탄하지 않을 때가 많았기 때문이다. 중소기업 특성상 그럴 수밖에 없었다. 이런 상황에 익숙해져 매너리즘에 빠져 생활한 적도 있었다. 그런데 30년 전이나 지금이나 똑같은 고민을 하고 있다. 코로나로 인하여 입·출국이 어려울 때 해외공장에 일이 발생하여 급하게 출장을 가게 되었다. 해외 출장은 갈 때마다 시간에 쫓기어 급한 일만 처리하고 오기 바빠서 자료 정리가 늘 미흡했었다. 그래서 이번에는 해외공장에 있는 오래된 자료를 모두 정리하기로 마음먹었다.

오래된 자료는 수기로 작성된 것들이며, 소각할 자료들이 대부분이었다. 서류를 정리하다 보니 옛 추억이 떠올랐다. 해외공장 설립 당시 출장이 잦았고, 출장 갈 때마다 업무를 노트에 매일 기록했었다. 그때 기록하였던 빛바랜 노트를 펼쳐보니 회사의 어려운 자금문제, 인력문제 그리고 경쟁력 확보 등이 예쁜 글씨로 깨알처럼 빽빽이 적혀 있었다. 회사의 어려운 상황이 예전이나 지금이나 다를 바가 없음을 노트가 증명하였다. 열악한 환경 속에서도 50년 가까이 회사가 존속하는 한 늘 있는 일들이다. 그중에 자금문제가 가장 힘들었다. 경영에서 자금업무를 담당했던 내게 자주 태풍이 불었고, 자금문제가 해결되어 평온이 찾아오는가 하면 다시 태풍이 불어 닥쳤다. 늘 가슴 조이며 지금까지 하루하루를 버티며 살아왔다.

예전에 중소기업은 대기업 협력사가 많았다. 기술력은 대기업이 갖고 있고, 생산은 주로 대기업의 협력사인 중소기업이 맡았다. 우리 회사도 대기업의 협력사 중 하나로, 주문생산 방식으로 대기업과 동반 성장하였다. 그러다가 국내 인건비 상승으로 대기업은 원가를 절감하려고 동남아로 생산기지를 옮겨갔다. 그 결과 국내 매출은 점점 감소하였고, 우리도 큰 타격을 받게 되었다. 투자한 유효설비, 유효인력에 따라오는 자금문제가 가장 심각하였다. 지금은 해외에서의 생산이 대부분이고, 국내생산은 소량으로 바뀌었는데 설상가상(雪上加霜)으로 금융위기까지 겹쳐서 자금 상황이 더 악화하였다. 지출은 많고 수입이 적어졌다. 한 달이 하루같이 빨리도 지나갔다. 아침에 눈 뜨면 자금조달 생각만 떠올랐다. 월급을 지급하고 나면, 월급날이 또 다가왔고, 더 무서운 것은 은행 이자였다. 이자가 연체되면 복리로 이자가 늘어나 이자를 갚지 못하면 신용불량자가 되어 은행 돈을 사용할 수 없게 되었다. 기업을 운영하는 사람이 은행 돈을 못 쓴다는 것은 기업의 생명줄을 끊는 것과 같았다. 물론 무차입 기업도 있지만, 이건 드문 경우이다. 직원들이 가장 기다리는 월급날은 나에게는 고통스러운 날로, 나도 월급을 받아야 한 달을 생활할 수 있는데 월급을 주고 나면 내 월급은 없는 날도 있었다. 돈만 있으면 뭐든지 해결할 수 있을 것만 같아 돈을 많이 벌게 해달라고 주문을 외우고 다닌 적도 있다. 회사의 자금난을 해결하기 위해 영업을 하기 시작했다. 원가절감으로 마른 수건을 짜는 고통을 감내하면서 버티고 또 버텨내어 드디어 이겨냈다. 이젠 월급날이 즐겁고 행복한 날이 되었다. 내 돈이 아닌데도 나누어주는 그 기쁨을 무엇과 비교할 수 있을까? 이렇게 회사의 자금난에 여유가 생기니 내가 부자가 된 것처럼 어깨가 으쓱해졌다.

사회의 급변화로 인하여 트렌드는 빠르게 바뀌었다. 트렌드 변화에 따라 소비문화도 빠르게 변화하였다. 중소기업은 트렌드를 좇아가기 힘들었다. 끊임없이 중소기업에 어려움이 닥쳤고 불안한 요소도 많이 생겼다. 자금조달과 인력확보 문제가 가장 어려웠다. 중소기업에서 사람들은 일하려고 하지 않는다. 열악한 회사 환경이 한몫했다. 또한 자체 브랜드가 없고 주문 생산방식이라 경쟁도 치열하였다. 급변하는 시장대응에 따라가기도 어려웠고, 각종 법적 문제에 대처하기도 중소기업에서는 어려운 문제였다. 그렇다보니 뭐 하나 쉬운 게 없었다. 여러 가지 어려운 문제 중에서도 가장 힘든 것은 역시 자금문제였다. 기업에서 돈은 사람 몸에 흐르는 피와 같다. 몸에 피가 흐르지 않으면 바로 생명을 잃듯이 기업도 돈이 없으면 죽는다. 돈은 기업의 생명줄이기 때문이다. 임원승진 후 경영 전반의 업무를 맡았는데, 가장 어려운 것은 자금운영이었다. 연일 부는 폭풍도 언젠가는 머물게 되어 있다. 폭풍과 맞서 이겨낼 준비가 되어있어야 중소기업에서 살아남을 수 있다. 좋은 일이든 나쁜 일이든 오래가지는 않는다.

로이 T. 베넷이 이런 말을 하였다.

"희망을 잃지 마라. 폭풍은 사람들을 더 강하게 만들고, 영원히 지속되지 않는다."

수입이 중요하지만, 지출을 적절하게 하는 것 또한 중요한 일이다. 자금이 부족하였기 때문에 자금 지출의 우선순위를 정하여 중요하고 급한 순서로 지출계획을 세워 운영하였다. 불필요한 지출을 줄이려고 부단히도 노력하였다. 회사의 비용 절감과 쾌적한 환경을 만들기 위해 3정(정품, 정량, 정위치) 5S(정리, 정돈, 청소, 청결, 습관화)를 지속적으로 실시하였다. 그리고 적은 수입으로 회사를 운영하느라 최고의 방법을 끊임없이 강구하였다. 그러나 변수는 계속 발생하였다. 고객사의 부도로 대금 회수를 못 하는 일도 있었고, 영업의 핵심인력 이탈로 매출이 감소하기도 했다. '딱지 어음'을 받은 적도 있었다. 딱지 어음이란 사기 목적으로 유통되는 불법 어음을 말하는 속어이다. 이때 딱지 어음이 무엇인지 처음으로 알게 되었다. 말로만 듣고 실제 본적이 없었던 딱지 어음을 모르고 받았었다. 이때 받았던 어음은 만기가 되면 바로 어음 결제대금으로 대체할 자금이었다. 그런데 말일에 은행에서 딱지 어음이라고 연락이 왔다. 은행을 찾아가 어떻게 하면 좋겠냐고 물었더니 발행인이 유통한 것은 딱지 어음이라 최종 배서인에게 대금요청을 해보라고 하였다. 그리고 우리가 발행한 어음의 결제대금을 준비하여 오라고 하였다. 은행 마감 시간까지 결제하지 못하면 부도라고 하였다. 자금 운용을 하는 나로서는 황당하였다. 그 당시 자금 최종 책임자는 해외 출장 중으로 연락이 어려웠기 때문이다. 어떻게든 오늘 안으로 어음을 막아야 하는 아주 절박한 상황이었다. 딱지 어음의 금액은 8천만 원이다. 말일 운영자금 중 세금과 이자를 제외하고 동원할 수 있는 모든 자금을 총동원하였다. 그래도 5천만 원이 부족하였다. 난 할 수 없이 개인 적금을 해지하였고, 보험회사에서 대출을 받았으며, 생활비 보유자금과 남편 비상금까지 모두 동원하여 은행 마감 시간 지나 저녁 8시까지 어음을 막아냈다. 그 당시는 은행 문을 닫아도 특별한 경우에는 늦게까지 업무를 처리해 주는 시대였다. 시간은 지연되었으나 부도는 막았다. 아주 큰 고비를 넘긴 셈이다. 얼마나 긴장했던지 집에 돌아와 쓰러지고 말았다. 이후부터 자금계획 세울 때는 1안부터 3안까지 세우는 습관이 생겼다.

 나는 딱지 어음을 갖고 업체로 찾아갔다. 자초지종을 말하고 대금 지급을 요청하였더니 듣는 척도 하지 않았다. 납품하고 받은 어음을 지급하였는데 딱지 어음인 줄 몰랐다고 변명만 늘어놓았다. 정수기제품을 개발하고 물건이 팔리지 않아 자금이 없다면서 물건을 팔면 줄 테니 돌아가라고 하였다. 그래서 각서를 써주면 돌아가겠다고 했더니 써줄 수가 없다는 것이었다. 딱지 어음 금액은 8천만 원이었다. 그 당시 매우 큰 금액이었고 나의 총 현금자산이었다. 앞이 캄캄하여 그 회사에 방문하여 지켜보니 물건은 팔릴 것 같지도 않았고, 다른 업체도 찾아와 돈 달라고 아우성이었으며, 순식간에 난장판이 되기도 하였다. 그 회사 운영자가 잠적해 버릴 것 같은 느낌이 들기도 했다. 그래서 매일 아침 그 회사로 출근하기 시작했다. 그런데 사람이 왔는데도 인사는커녕 투명인간 취급을 하였다. 빈 의자에 앉아 기다릴 수밖에 없었다. 이렇게 보름을 찾아가니 각서를 써 주었다. 각서 내용인즉 정수기가 팔리면 팔린 대수 기준 50%를 주겠다고 하였다. 판매가로 대충 계산해 보니 500대는 팔아야 할 것 같았다. 판매 상황을 모르니 언제 대금을 모두 받을 수 있을지 예상이 되지 않았다. 그래도 각서는 받아내어 다행이었다. 그 후에도 계속 갔다. 제발 일해야 하니 그만 오라고 하였다. 다행히 문을 닫지는 않고 개발부서에서 일은 계속하고 있었다. 이대로라면 시간이 걸려도 돈을 받을 수 있겠다는 확신이 들었다. "당신 돈 떼먹으면 온전하지 못할 것 같다. 물건 팔리면 줄 테니 믿고 기다려 달라."라고 하였다. 그 후부터 믿고 기다려 보기로 하였다. 3개월 지나 조금씩 대금을 주기 시작하였다. 대금을 모두 받아내기까지 2년 정도 걸렸다. 당신 같은 사람은 처음 봤다고 하였다.

　직원들이 현장에서 땀 흘려 고생하는 것을 지켜본 나로서는 대금을 꼭 받아야 한다고 생각하였고, 내 현금 전 재산도 받아야만 했다. 돈을 넣을 때는 부도 직전 급한 상황이라 회수 여부는 그 당시 생각조차 하지 못했었다. 그 회사가 부도나면 우리 회사 자금 상황은 더욱 힘들어지고, 내가 자처해 넣은 내 돈도 받기 어려웠을 것이다. 회사도 대처해 줄 만한 여유자금이 없었을 때이다. 내가 자금 담당을 하니 내가 더 잘 안다. 참으로 다행스러운 일로, 고진감래(苦盡甘來)였다. 그 당시 그 돈이면 작은 평수 아파트를 대출 끼고 매입할 수 있는 돈이었다. 부동산 지인이 재건축아파트 투자 제안도 있었으나, 회사의 자금을 담당하는 나로서는 회사가 우선이었다. 지금도 아쉬움은 없다.

롤러코스터인 내 직장생활은 지루하지 않았다. 어려움이 닥칠 때마다 맞서 싸워 극복해냈다. 상대를 대적하려면 상대를 자세히 알아야 한다. 알기 위해 공부하는 습관도 생겼다. 일을 즐기면서 하는 긍정의 힘이 있었기에 가능한 일이었다. 비단 중소기업만 어려움이 있는 것은 아니다. 필자가 중소기업에서 일하는 동안 겪은 일들을 말했을 뿐이다.

프랑스의 철학자 몽테뉴는 "습관은 제2의 천성이다."라고 하였다. 그만큼 좋은 습관은 좋은 인생을 만들어낸다. 나에게는 좋은 습관이 있다. 즐기면서 일하는 습관, 운동하는 습관, 공부하는 습관 등이다. 이 좋은 습관은 중소기업에서 40년 동안 태풍이 자주 불어도 이겨낼 수 있었던 힘이었다.

중소기업은 멀티로 일해야 한다

"인생은 10%는 우리에게 일어나는 일이고, 90%는 우리가 그것에 어떻게 반응하는가입니다."

– 찰스 R. 스윈돌

"지치면 지고, 미치면 이긴다."는 가수 싸이가 한 말이다. 오래전 내가 좋아하는 가수 '이선희 콘서트'에 갔다가 게스트로 나온 가수 싸이를 본 적이 있다. 게스트로 두세 곡의 노래를 불렀는데 관중석에 난리가 났었다. 앉아 있을 수 없도록 관중을 미치게 만든 것이다. 관중을 미치게 할 정도면 본인은 얼마나 미쳐야 할까? 잠깐이었지만, 정신이 혼미했었다. 본인이 하는 일을 미칠 때까지 한다는 것은 그 일을 좋아하기 때문이고, 지금까지 가수 싸이가 사랑받는 이유일 것이다.

일을 미칠 때까지 해본 적이 있는가? 필자는 20년 동안 회사 일에 불광불

급(不狂不及, 미치지 않으면 이를 수 없다) 하였다. 그만큼 일을 즐겼고, 일하기를 좋아했다. 일을 시작하기 전에는 단순히 돈을 버는 수단으로만 생각했었고, 빨리 돈을 벌어 여행 다니며, 즐기며 살고 싶었다. 그런데 일해보니 일하는 재미와 보람을 느꼈고, 새로운 목표도 생기게 되었다. 일은 기본적으로 경제적으로 여유롭게 하는 수단이 되지만, 꿈을 이룰 수 있도록 돕는 과정이기도 했다. 인생의 긴 여정에 함께 해야 하는 친구와도 같은 것이다.

첫 입사 때부터 필자는 맡은 일 외에도 일이 닥치면 마다하지 않았다. 내일, 네 일을 떠나서 회사 일이고, 누군가가 해야 할 일이기에 손익을 따지지 않고 닥치는 대로 하였다. 그 당시는 제조업이 성장하는 시기였고, 우리 회사도 호황기였다. 창립 당시 소규모로 시작한 공장이 협소하여 공장을 확장해서 이전하게 되었다. 호황은 지속되었고, 수주가 증가하여 2년 뒤에는 본사 근처에 2공장을 설립하게 되었다. 생산직원은 공정마다 기술자를 채용하였다. 그러나 중소기업 특성상 사무직원은 최소인원으로 해야만 했다. 수주 증가로 업무가 많아져 사무실 직원은 한 사람이 여러 업무를 맡을 수밖에 없었다. 이렇게 다양한 업무 경험을 5년 동안 하다 보니 실력으로 쌓여 새로운 일을 만나도 두렵지 않고, 오히려 자신감을 얻었다.

멀티로 일한다는 것은 여러 분야의 능력도 있어야 한다는 말이다. 한 분야의 능력을 쌓는데도 시간이 필요한데, 여러 분야의 능력을 갖추려면 오랜 시간이 걸린다. 안정화가 되기까지는 더 오랜 시간이 필요하였다. 업무 안정화가 될 즈음, 고객사는 원가절감으로 해외로 생산기지를 옮겼다. 우리도 고객사와 동반 진출하게 되었다. 동반 진출에 따른 해외공장을 신축하기 위해 본사에서 인력 지원을 해야만 했다. 필자가 공장설립 경험이 있었고, 경영관리 업무가 가능하여 해외 공장설립 업무에 선발주자로 합류하게 되었다. 국내에서 설립한 경험을 바탕으로 해외에서 공장설립 업무를 주도하였다. 해외에서 공장설립 시 가장 어려운 문제는 업무를 처리하려면 의사소통을 해야 하는 현지 언어와 법 절차에 따른 허가였다. 많은 시간이 걸려 공장 설립이 잘 마무리되었고, 고객사의 주문 일정에 잘 맞추었다. 해외 업무는 국내 업무와 비슷하여 무리 없이 업무를 처리할 수 있었다.

문제는 본사에서 해외공장 통합관리로 업무량이 두 배로 증가한 것이다. 초기에는 매월 해외 출장을 다녀 힘들었지만, 안정화하면서 분기별로 다녔고 시스템이 정상화되어 국내에서 원격으로 관리하게 되었다.

본사와 해외 지사 모두 안정화되었고, 시스템으로 잘 돌아가고 있었다. 그런데 본사의 매출 80%를 점유하는 고객사가 지방으로 이전하게 되었다. 장거리 납품으로 물류비와 신속한 대응력이 문제였다. 본사에 최소한의 인력을 제외하고 지방으로 이전하여 지사를 신축하기로 하였다. 몇 차례 공장을 신축한 업무 경험을 바탕으로 지사 설립에 투입되어 부지를 매입하고 건물을 신축하여 공장가동까지 되도록 세팅하였다. 그 후 지방 출장을 수차례 다니면서 해외 지사처럼 업무를 통합 관리하였다. 회사는 나날이 발전하여 공장 이전과 확장은 계속되었다.

제조업은 제품의 수명주기가 도입기, 성장기, 성숙기, 쇠퇴기로 나뉜다. 성장기에는 호황이지만, 성숙기에서 쇠퇴기로 갈 때는 또 다른 제품을 개발하거나 새로운 아이템을 찾아 영업해야 한다. 주문생산 방식에 따른 제품의 수명주기를 고려할 때, 새로운 모델이 바뀔 때마다 협력사들의 경쟁도 치열하였다. 품질과 납기는 기본이었고, 문제는 가격이었다. 고객사의 단가를 맞추려고 인건비가 낮은 동남아로 진출할 수밖에 없었다. 그런데 해외도 인건비가 점점 오르기 시작하였고, 협력사들도 해외 진출이 많아져 협력사 간의 가격 경쟁이 치열해졌다. 가격 경쟁으로 내부 원가절감 등 개선 활동을 지속하였다. 경쟁력 있는 가격으로 신규 영업도 병행하였다. 품질 납기 가격 경쟁력으로 고객사의 신뢰를 받아 신규업체 수주가 점점 늘어났다. 기존 고객사도 역시 '전통 있는 대성'이란 말이 나왔다. 신규고객사의 신규 물량 증가로 고객사 근처에 해외 2공장을 신축하게 되었다. 규모는 작지만, 해외에 두 개 공장을 가동하게 되었다. 이렇게 5년 주기로 20년 동안 공장 이전 및 설립이 이루어졌다. 필자가 회사와 함께 성장하며, 멀티로 일하게 되었다.

중소기업은 여러 가지 이유로 한 사람이 다양한 임무를 수행해야 하는 경우가 많다. 필자가 멀티로 일할 수밖에 없었던 이유이기도 하였다. 그런데 업무를 수용하지 않으면, 안 되겠기에 닥치는 대로 일하다 보니 일의 결과에 대한 책임도 따랐다. 새로운 업무를 맡게 되면 실무의 밑바닥부터 다져서 차근차근 실적을 내니 새로운 일에 대한 모험심도 발동했다. 20년 동안 멀티로 일하니 나의 성장은 일신우일신(日新又日新, 나날이 더욱 새로워짐)이었다. 그 결과 임원으로 승진하게 되었다.

헨리 워즈워스 롱펠로(Henry Wadsworth Longfellow)는 이런 말을 하였다.

"시작하는 재주는 위대하지만, 마무리 짓는 재주는 더욱 위대하다."

그 당시에는 제조업이 성장하는 시기로 국내 사업장과 해외 사업장이 확장되었고, 실무 초기에는 경험이 없어서 시행착오로 인해 어려움도 많았다. 시간을 많이 투자하여 업무를 수행하였고, 새로운 업무가 또 발생하면 병행해야 했다. 이렇게 멀티로 업무는 날마다 계속되었다. 필자뿐만이 아니라 중소기업에서 일하는 사람들은 겸업하는 경우가 많아서 결원이 생기면 가장 큰 문제였다. 멀티로 계속 일하면, 스트레스로 인하여 시스템이 멈출 수도 있다고 생각하게 되었다. 이런 리스크를 없애기 위하여 교육을 실시하였다. 한 사람의 결원이 생겨도 협업을 통해 업무를 분담하여 해결할 수 있도록 하였다.

중소기업에서 멀티로 일하면 장점이 많다. 작은 규모의 회사에서 여러 가지 역할을 맡으면 다양한 업무경력을 쌓을 수 있고, 업무처리에 관해 빠른 의사결정을 하게 되어 효율적이고 신속하게 업무를 처리할 수 있다. 또한 멀티태스킹을 통해 다양한 역량을 발전시켜 승진의 기회도 만날 수 있다.

그리고 마지막으로 유연성과 적응력을 키울 수 있다. 중소기업은 상황에 따라 업무 우선순위를 조정하고, 다양한 변화에 빠르게 대처해야 한다. 멀티로 일하는 장점으로 또 다른 기회를 잡아 보기 바란다.

중소기업에서만 멀티로 일하는 것은 아니다. 지금은 초스피드 시대로 젊은 세대들이 멀티태스킹하며 멀티플레이어가 되고자 한다. 멀티플레이어를 꿈꾼다면 다양한 분야에서 일할 수 있는 능력을 키워야 한다. 즉 서로 연관성 있는 다양한 분야에 시간을 투자하여 꾸준한 학습을 통하여 업무 수행 능력을 길러야 한다. 지금부터 한 분야씩 집중하여 능력을 길러 멀티플레이어가 된다면, 또 다른 미래가 펼쳐질 것이다.

경영의 꽃은 영업이다

"성과가 안 나오는 것은 능력이 없어서가 아니라, 방법을 못 찾았거나 실행을 안 했기 때문이다."

– 이상훈의 《창업가의 습관》에서

'경영의 꽃은 영업'이라고 표현하는 것은 영업의 중요성을 강조한 말이다. 영업이 기업 성장에서 매우 중요한 역할을 하기 때문이다.

국내 인건비가 가파르게 상승할 때였다. 대기업은 비용 절감을 위해 해외로 생산기지를 옮기기 시작하였다. 그래서 대기업과 동반 진출하지 않으면 국내 다른 고객사를 찾아야 했으므로, 신규 고객사를 찾기 위해 대대적인 영업을 해야 하는 상황이 되었다. 매출 감소에 따른 비상대책 회의를 열었다. 결론은 팀장급 이상 남녀노소를 막론하고 모두 영업을 하라는 명령이 떨어졌다.

그동안 경영관리 업무만 하였는데, 갑자기 영업이라니 당황스러울 수밖에 없었다. 임원승진 후 언젠가는 영업도 해야 한다고 생각은 했었지만, 이렇게 빨리하게 될 줄은 몰랐다. 과장 시절 주말에 시간 내어 인문학 강좌를 들으러 갔다가 영업하는 사람을 만난 적이 있다. 그때 만난 사람을 통해 영업교육을 받았는데, 교육을 다 마치고 나니 당장 영업을 해보고 싶은 욕구가 솟구쳤다. 영업은 노력한 만큼 대가가 숫자로 곧바로 나타나니 재미있을 것도 같았다.

세월이 많이 흘러 반드시 영업해야 하는 상황이 되었다. 영업기술도 잊어버리고 어떻게 해야 할지 앞이 캄캄하였다. 회사도 직원들도 모두 살아남으려면 오로지 영업뿐이었다. 과장 시절에 영업교육을 받았을 때의 마음이라면 잘할 수 있을 텐데, 그때의 마음으로 되돌아가 결과가 어떻게 나타나든 개의치 말고 영업에 도전해 보기로 하였다.

무작정 서점으로 달려갔다. 새로운 일이 내게 주어지면 가장 먼저 책을 사서 읽으며 방법을 찾는 습관이 있다. 영업 관련 도서를 분야별(유통업, 보험업, 제조업, 자동차샐러리맨, 주부 사원) 성공사례를 쓴 책을 구매해 읽기 시작하였다. 영업으로 성공한 분야별 지인들도 만났다. 여기에서 공통점을 발견하였다. 영업은 우선 부지런하게 뛰는 것이었다. 신발이 닳도록 발품을 팔아 택시 영업처럼 하루에 200km씩 달리며 고객을 많이 만나야 하는 것이었다. 사무실에서의 업무도 만만치 않았기 때문에 부담감이 클 수밖에 없었다.

영업목표를 세우고 실행할 세부적인 계획을 세웠다. 본래 하던 업무와 병행해야 하므로, 시간을 쪼개어 일을 효율적으로 하는 것이었다. 영업은 내 본 업무가 아니고 매출 감소에 따른 대응책으로 한시적으로 해야 하는 일로, 한시적이든 장기적이든 이왕 하는 거 잘해야겠다고 마음먹었다. 계획대로 어떤 어려움이 있어도 포기하지 않고 세운 목표를 달성할 때까지 고통을 감수할 각오를 하였다. 영업목표는 '3년 내 10개 업체 등록하기'로 등록된 업체 중에서 지속적으로 거래할 세 개 업체를 발굴하는 것이었다. 기술영업을 해야 시너지 효과가 있는데 영업의 기술을 모르니 주위 사람들이 걱정하고 있었다. 그 어느 때보다도 암담하였지만, 목표를 향해 달려보기로 하였다.

영업은 고객을 만나는 게 가장 중요하였다. 본 업무는 자투리 시간에 하였고, 영업업무에 중점을 두어 시간을 투자했다. 오전 10시부터 오후 5시까지 영업업무로 외근하며 발품을 팔았다. 하루 업체 방문 목표는 오전과 오후 한 업체씩으로 두 업체였다. 희망 고객을 만나고 오는 날이면 기분이 날아갈 듯 좋았지만, 허탕 치는 날은 마음도 몸도 힘들었다. 약속하고 방문하여도 허탕 치는 경우도 간혹 있었다. 고객이 원해서 방문한 것도 아니고 내가 원해서 약속한 것이기 때문에 고객 원망은 하지 않기로 했다. 목표와 의욕만으로 무작정 3개월 동안 고객을 찾아다녔다. 열심히 회사소개도 하였고, 금형과 사출에 대해 브리핑도 하였다. 3개월 동안 소득은 나타나지 않았다.

업체에 방문하여 가장 많이 들었던 얘기는 "금형 회사 여자가 영업한다고? 회사소개서 전달하러 왔겠지!" 고객뿐만 아니라 동료들도 영업기술을 모르면서 어떻게 영업하겠냐고 표정은 비웃고 있었다. 소득도 없이 온종일 돌아다니다가 회사에 복귀하면 책상 위에 밀린 업무만 쌓여 있었다. 업무를 처리하다 보면 퇴근 시간이 훌쩍 지나가 버렸다. 늦은 시간에 퇴근하는 것은 다반사였지만, 그래도 힘들지는 않았다. 힘든 건 소득 없는 영업이었다.

'겨우 3개월 하고 힘들다고? 난 할 수 있어! 하면 되는 거야!'라고 혼자 큰 소리로 외쳐 보기도 하였다. 이렇게 외치고 나면 자신감이 생겨 다시 오뚝이처럼 벌떡 일어나 영업을 재개했다. 필자는 한 가지 일을 시작하면 끝까지 하는 근성이 있다. 경영에서 꽃이라는 영업을 잘해 남들이 부러워하는 꽃을 한 번 피워 보고 싶었다. 고객에게 책을 선물하려고 서점에 가서 최근 베스트셀러를 짬짬이 읽었다. 또한 유익한 정보를 전달해 주기 위해 아침부터 경제신문과 전자신문을 읽었다. 변함없이 반복한 영업은 6개월이 지나 한두 곳에서 연락이 오기 시작하였고, 일의 재미가 조금씩 생기기 시작하였다. 계속 신규고객을 만나러 다니며 나의 업무도 확장되었다. 회사 내부에서 경험하지 못하는 어려움도 있었지만, 영업을 하면 할수록 새롭고 흥미도 느끼게 되었다.

위기와 기회는 함께 온다는 말이 있다. 이 말에 실감케 하는 일이 벌어졌다. 새벽 1시쯤 보안업체에서 우리 공장에 화재가 발생했다고 연락이 왔다.

잠결에 전화를 받고, 너무 당황한 나머지 속옷도 제대로 입지 못하고 겉옷만 걸치고 단숨에 회사로 달려갔다. 생산기술자가 자동기계를 야간에 가동될 수 있도록 세팅하고 퇴근했었다고 한다. 작업 중 자동기계에 스파크가 일어나 기계에 불이 붙은 것이었다. 공장에 도착해 안으로 무작정 들어갔다. 연기로 앞이 보이지 않았다. 2층에 서류들이 많아 2층 계단으로 올라갔으나, 연기가 위로 올라와 숨이 막혀 다시 내려오고 말았다. 걱정하는 사이 소방차가 도착하여 빠르게 화재를 진압하여 큰 화재는 면했다. 다행히 야간이라 인명피해는 없었고, 기계는 불에 탔으며, 공장은 연기 그을음으로 인하여 당분간 일하지 못하게 되었다. 화재 감지기로 조치를 빠르게 해준 건 보안업체였다. 고마운 마음에 화재 진압 후 보안업체 팀장님과 명함을 주고받았고 나중에 찾아뵙기로 하였다.

공장 수습을 급하게 해 놓고 감사 인사를 드리려고 보안업체 팀장님을 찾아갔다. 팀장님은 생산하는 제품을 물어보았다. 기회가 왔구나 싶어 제품설명을 영업사원보다도 더 열심히 하였다. 그동안 영업을 다니며 여러 번 브리핑한 노하우로, 나도 모르게 술술 설명을 하고 있었다. 영업목표로 세운 10개 업체 중 등록하고 싶은 업체였다. 6개월 동안 여러 번 찾아갔던 곳이었다. 회사소개서도 전달하였고, 영업이사와 함께 개발실의 기술 정보도 제공하였다. 그러나 대기업이라 등록하는 게 쉽지 않았다. 개발은 업체 등록 부서가 아니라며 구매를 소개해 주었다. 구매에서는 거래하고자 하는 회사가 너무 많아 하반기에 공개모집이 있으니 도전해 보라고 하였다. 아쉽지만 하반기에 다시 도전하기로 하였다. 그사이 화재로 인하여 보안업체 CS팀을 만나게 된 것이다. CS팀은 본사만 같은 회사일 뿐, 구매 개발과는 전혀 달랐다. '그래도 같은 회사니까 뭔가 연결고리가 있지 않을까?'라는 생각이 들었다.

팀장님은 우리에게 제품에 관하여 제안하셨다. 경기 외곽지역에 공장이 많은데 보안기기가 외부로 노출되어 비가 오면 고장이 자주 나서 케이스 제작을 본사에 제안할 생각으로 제품구조 디자인을 의뢰하였다. 우리는 방법을 찾아 제안서를 제출하겠다고 하였다. 사내 연구소에서 실물을 확인하여 제품구조를 검토하였고, 제안서를 작성하여 브리핑하였다. 여러 가지 검토 사항을 질문하였다. 철저히 준비한 내용을 전달하였더니 만족스러워하였다. 제안서는 본사에서 접수했으나 소요수량 대비 투자비가 많이 들어 본사에서 채택되지 않았다고 하였다. 그러나 장마가 계속되면서 민원이 점점 많아져 재의뢰한 결과 금년도 예산이 없어서 보류상태라고 하였다. 그 후로 연락이 없어 잊고 지냈다.

몇 개월이 지났는데 본사 개발실에서 필자에게 전화가 왔다. 전화번호가 낯익었다. 개발담당자는 나에게 이렇게 말했다. CS팀에서 "의뢰한 제안서에 '대성'이라고 되어있는데, 대성이 저희를 찾아 왔던 대성 맞나요?"라고 물었다. 나는 눈이 번쩍 뜨였다. "네! 맞습니다. 개발담당자는 우리와 이렇게 인연이 되네요."라고 말하며 함께 웃었다. "이렇게 인연이 되어 다시 만나다니 반갑습니다." 업무가 시작되었다. 영업할 때 몇 번이나 찾아가 만났던 담당자였었다. 목표가 등록하는 것이라 어떻게 해서든 연결될 수 있도록 노력하였다. '지성이면 감천이다.'라는 속담이 떠올랐다. 여러 번 방문하였으나 등록할 길이 없어 실망이 컸었는데, 끝까지 포기하지 않아 등록할 수 있게 되었다. 제품은 잘 만들어 납품되었다. 영업으로 방문하기 시작한 지 1년 만에 업체 등록을 하게 되었다. 이후부터 제품보다 나를 더 신뢰하는 업체가 하나, 둘 생기기 시작하였다.

그 무엇보다 영업하면서 보람은 물론 희열을 느꼈다. 실제 영업해보니 쉽게 결과가 나오는 게 아니었다. 농부가 봄에 씨앗을 뿌리고 여름내 땀 흘려 잘 가꾸어 가을에 수확하는 것과 다름이 없었다. 영업을 통해 또 한 번 인생을 배우게 되었다. '위기는 기회다.'라는 명언이 실감 났다. 보안업체는 지금까지 변함없는 핵심 고객사이다.

3년을 목표한 대로 달성하였고, 상무이사로 승진도 하였다. 이후 2공장 사업총괄팀장 업무를 맡게 되었다. 영업을 해보았기에 사업총괄팀장도 두렵지 않았다. 영업하면서 경영 업무와는 달리 주위를 더 넓게 보는 안목도 생겼다. 경영관리 업무와 영업을 병행하면서 3년이라는 짧은 시간이었지만, 인생의 모든 것이 녹아 있었다. 영업이 경영의 꽃이라는 표현이 아름답게 느껴졌다.

정직한 경영이 답이다

"아무리 보잘것없는 것이라 하더라도 한 번 약속한 일은 상대방이 감탄할 정도로 지켜야 한다."

— 엔드루 카네기(Andrew Carnegie)

40년 전 건축한 건물 2층에 자그마한 사무실이 있다. 사무실 벽에는 두 개의 문구가 이렇게 적혀 있다.

첫 번째는 '신용이 생명입니다. 신용을 잃지 맙시다.'
두 번째는 '약속을 신중히 합시다. 약속을 생명같이 지킵시다.'

이 문구에는 경영자이신 회장님의 경영철학이 들어가 있다. 신용이란 어떠한 상황에서도 말과 행동이 거짓 없이 바르며 다른 이에게 신뢰를 주는 것으로, 생명이라고 하셨다. 그리고 약속은 생명처럼 꼭 지키겠다는 것으로, 다른 사람과 앞으로 일을 어떻게 해나갈 것인가를 미리 정하여 두셨다. 이렇게 회장님은 경영에서 신용과 약속이 매우 중요함을 늘 강조하셨다. 경영이 아니라도 신용과 약속은 인생을 살아가는 데도 매우 중요하고, 정직한 경영은 신용과 믿음으로 이어진다고 강조하여 말씀하셨다.

금형 제작 시 회장님은 심혈을 기울여 공정 과정을 꼼꼼히 확인하곤 하셨다. 이렇게 제작한 금형은 고객사가 원하는 만족스러운 제품으로 탄생하였고, 완성된 금형은 깨끗하게 포장되어 고객사로 납품된다. 이것이 정직한 경영이며 고객과 약속을 이행하는 거라고 하셨다. 제작된 금형은 그 당시 이십만 쇼트 수명을 보장하였다. 이십만 쇼트 이상 생산하게 되면 금형의 노화로 인하여 제품의 품질에 문제가 발생하여 금형을 보완하여 사용하거나, 아니면 제작을 다시 해야 한다. 이십만 쇼트 생산할 때까지 제품에 문제가 없으면 품질이 좋다는 것을 증명한다. 좋은 품질의 금형은 좋은 소재로 공정마다 정성을 다해 제작해야 한다. 비용을 아끼려고 소재를 B급을 투입하면 제품이 깨진다든지 그 외 문제가 발생할 수 있다. 품질문제가 발생하면 비용은 두 배로 증가하고, 신용도 잃을 뿐만 아니라 고객과의 약속이 깨지는 것이다.

제품에 따라 B급 소재를 사용해도 문제없는 경우도 많다. 그래서 원가절감을 하려고 중국 소재를 사용하는 경우가 간혹 있다. 특히 소재비와 인건비가 인상되면서 원가가 올라 어쩔 수 없이 중국 소재를 사용하여 원가를 낮추는 경우이다. 중국 소재는 표준품을 대량으로 생산하기 때문에 구매 단가가 낮아 비용 절감에 도움이 된다. 기업은 이윤을 창출해야 살아나갈 수 있으므로 낮은 원가를 투입할 수 있는 유혹을 뿌리치기가 쉽지 않다. 한 달 매출에서 소재값이 차지하는 비율이 높으므로 제품 구매담당자가 B급 소재 구매를 검토하지만, 경영자는 A급 소재 사용을 원칙으로 하였다.

경영자는 좋은 소재 사용은 물론이고, 원가가 높으면 이익을 창출할 수 있는 다른 방법을 모색하였다. 예를 들어 설계에서 공정을 줄일 방법이라든지 공정 간에 로스를 줄일 수 있는 공정개선을 하였다. 이십만 쇼트를 생산해도 제품에 문제가 없어 품질을 인정받게 되었다. 품질 보증은 고객사로부터 신용을 얻었고 정직한 경영을 한다는 소문이 돌기 시작하였다.

박정부 회장이 쓴 책《천원을 경영하라》에서 천원으로 3조의 판매수익을 내는 국민 가게 '다이소'가 되기까지 본질에 충실하면서 '천 원짜리 제품은 있어도 천 원짜리 품질은 없다.'고 할 정도로 품질에 중요성을 강조하였다. 성실과 정직함으로 땀 흘려 천 원짜리로 3조를 경영할 수 있었다. 정직한 원자재(原資材) 사용과 성실함이 3조를 경영하여 다이소 박정부 회장의 운명을 바꾸게 하였다. 기본에 충실함과 정직함으로 좋은 품질을 만들어낸다. 좋은 품질은 고객들에게 신뢰를 쌓게 하고, 그 신뢰가 고객 스스로 물건을 찾도록 만든다.

기업이 크든 작든 경영철학은 비슷하였다. 작은 것으로부터 시작되는 것이었다. 회장님의 경영철학도 다이소 박정부 회장의 경영철학처럼 기업의 본질에 충실하여 품질을 최우선으로 하였다. 사업가가 신용을 잃으면 사업을 할 수 없다고 하면서 신용의 중요성을 강조하였고, 고객사와의 약속한 납기는 고객사에 대한 예의라고 하였다.

납기는 늘 촉박하였다. 일이 많아지면 납기를 지키는 게 더욱 어려워졌다. 고객과 약속은 생명처럼 중요하게 생각하시기 때문에 밤을 새워서라도 납기는 철저하게 지켜야 했다. 이러한 일들은 고객에게 믿음을 주었고, 고객과의 지속적인 관계를 유지할 수 있었다. 좋은 품질과 약속한 날짜에 납품하여 '신용 있는 회사 대성'이라는 이름표가 붙게 되었다. 이렇게 고객의 믿음으로 50년 가까이 존속하고 있다.

필자가 생각하는 경영이란 무엇인가? 계획을 세워 사업을 해나가는 것이며, 목표달성에 필요한 제반 활동과 과정 및 수단이며, 한 마디로 'In Put 대비 Out Put'이다. 신용과 약속 그리고 정직함은 경영에서 기본이고 진리라고 믿는다. 제조업의 원가가 높아지면서 경쟁이 치열해져 경영하는 방식도 바뀌게 되었다. 기업은 이익을 창출하는 곳인데 갈수록 점점 이익률이 떨어지고 어려운 변화를 겪게 되었다. 매출가격은 올라가지 않고 자재비를 비롯하여 인건비 등 비용은 가파르게 상승하였다. 이런 상황은 경영에 지대한 영향을 초래하여 들어오는 것을 늘리고, 나가는 것을 억제해야 이익을 추구할 수 있었다.

'In Put 대비 Out Put' 경영은 매출을 늘리고 비용을 줄여야 하며, 직원 전원이 경영에 참여할 수 있는 구조로 만들어야 했다. 매월 매출에 대한 비용을 항목별로 수치화하여 발표하였다. 목표에 따른 실적을 함께 공유하여 조직별로 무엇을 해야 하는지 알 수 있게 하였다. 영업실적을 알 수 있도록 매일 공유하였고, 조직별로 비용을 줄이기 위해 창의력을 발휘하여 아이디어를 낼 수 있도록 도왔다. 전 직원이 한마음이 되어 매출이 늘면 이익을 더 많이 창출하는 기회가 되었다. 직원들이 스스로 비용 절감 의식을 갖고 구체적으로 개선하기 위해 활동하며 어려움이 닥쳐도 극복할 수 있는 기본 시스템이 자연스레 갖추어졌다.

그리고 목표한 대로 잘할 수 있도록 동기부여를 하였다. 목표를 구체적으로 제시하고 달성하면 그에 상응하는 상을 부여하였다. 또한 정신적으로 강한 의지를 심어줄 수 있도록 교육하며 직원의 애로사항에 대해 경청하는 시간도 가졌다. 안정적으로 회사가 운영될 수 있도록 매일 손익을 확인하고, 회사가 나아갈 방향을 설정하였다. 경영자가 해내겠다는 긍정적인 의지는 그 무엇보다 중요하다. 경영자의 의지에 따라 전사원의 의지로 이어져 전사원이 긍정적인 마인드를 가질 수 있었다. 긍정적인 자세는 어려움이 닥쳐 무언가를 하고자 할 때 "해봅시다.", "하면 됩니다."라고 함께 외치며 극복하는 힘이 되었다. 경영자는 필사적으로 경영에 임하며, 목표와 실적을 공유하여 전 직원과 함께한다면, 이것이 정직한 경영이고 투명한 경영이라고 생각한다. 경영자의 강한 의지는 가능성을 믿는 것에서 생겨나는 것으로 사력을 다하는 것이다. 강한 의지로 직원들과 함께하면 기업은 발전할 수 있다. 필자의 경영철학은 '안 된다는 말보다 할 수 있다는 긍정적인 마인드를 갖고 절대 포기하지 않는(Never give up) 것'이었다.

40년 동안 일하면서 경영에서 인생을 배웠다. 일하며 배운 경영을 가정에 접목하기도 하였다. 회사 목표달성을 위해 직원들과의 약속은 절대적으로 지켰으며, 신뢰와 믿음으로 지금까지 경영을 해오고 있다. 정직함과 신용을 기본으로 하여 투명하게 경영한다면 회사는 오래도록 존속하게 될 것이다.

경영의 멘토는 책이다

"인생은 한 권의 책과 같다. 어리석은 이는 그것을 마구 넘겨 버리지만, 현명한 이는 열심히 읽는다. 인생은 단 한 번만 읽을 수 있다는 것을 알기 때문이다."

– 장 파울(Jean Paul)

매일 아침 7시 30분에 아침 회의로 하루를 시작하였다. 고영배 회장님께서는 부서별 1일 주요 업무를 확인하셨고, 고객사 납기에 문제가 없는지를 직접 챙기시며 고객의 약속을 생명처럼 생각하셨다. 생산제품 특성상 공정마다 기술자가 필요하므로 변수가 많았다. 그래서 아침마다 일정을 꼭 확인하셨다. 납기에 문제가 발생할 것 같으면 회의를 마치고 직접 제품을 확인하셨으며, 바로 조치를 하셨다. 또한 납기와 품질을 철저하게 관리하여 고객사로부터 인정을 받았으므로, 고객이 우리를 믿고 꾸준히 발주하였다. 품질과 납기 덕분에 영업활동도 수월하였다. 그러나 부서장들은 아침 회의를 하는 것에 대해 불만이 많았다. 업무회의로 아침 일찍부터 출근해야 하는 부담도 있었고, 회의참석 시 긴장도 많이 되었기 때문이다. 회의를 시작할 때 회장님은 좋은 말씀을 자주 해주셨다. 명언, 속담, 사자성어, 때로는 책을 읽으시고 내용을 요약하여 손 글씨로 쓰셔서 나눠 주시기도 하셨다. 그러나 아무리 좋은 말씀이라도 귀에 들어오지 않았다.

지금은 주 1회 아침 회의를 하고 있다. 회장님께서는 2022년에 선종하셔서 아침에 좋은 말씀을 듣고 싶어도, 듣지 못하게 되었다. 그런데 직접 손으로 써주신 편지글을 여러 통 주셔서 경영에 많은 도움이 되고 있다.

20년간 아침 회의에 참석하다 보니 전반적인 업무 흐름을 자연스럽게 익히게 되었고, 좋은 글은 경영적 사고를 확장하였다. 회장님께서는 좋은 책을 선정하여 독후감 과제도 내주셨다. 그때는 책 읽기가 많이 부담스러웠다. 반강제적으로 읽어야만 했기 때문이다. 그런데 강제로 읽기 시작한 책에 흥미를 느끼기 시작했고, 업무에도 큰 도움이 되었다. 강제로 읽기 시작한 책이 지금은 경영에서 멘토가 되었다. 첫 번째로 추천해주신 책이 생각난다. 서두칠·최성율의 공저 《우리는 기적이라 말하지 않는다》이다. 퇴출 1호 기업을 업계 세계 1위로 뒤바꾼 역전드라마를 쓴 책이다. 책을 읽으며 마치 내가 주인공이 된 듯한 느낌이었고, 실제 있었던 일을 다루었으므로 현실감이 넘쳤다. 이 책을 통해 회사 수익에 기여할 수 있는 비용 절감 방안을 찾아냈던 일도 있었다. 오랫동안 회장님 곁에서 일하며 책 읽는 좋은 습관을 들이게 되었다. 이제는 새로운 일이 내게 주어질 때마다 책부터 사서 읽는 습관이 생겼다.

　회장님께서 건강에 이상이 생겨 사업팀장들에게 업무를 위임하셨다. 나는 경영관리 실무를 주로 하였는데, 회장님 부재로 경영관리 책임자 업무를 맡게 되었다. 그 후 업무 범위도 넓어졌고, 책임감도 무거워졌다. 회사는 시스템으로 돌아가기 때문에 별문제는 없었으나, 경영에 위기가 닥쳤을 때는 앞이 막막하였다.

　위기를 대처하는 방법을 교육하신 적이 있었다. 현실에 적용하기에는 좀 거리가 있었지만, 교육해 주셨던 내용을 참고하였더니 도움이 되었다. 책을 통해 베스트가 아닌 퍼펙트 제품을 만들 수 있다는 자신감을 얻었다.
　경영에서 멘토가 된 책을 지금도 열심히 읽고 있다. 회장님께서 책 내용을 요약하여 주신 손편지를 소개하고자 한다. 이나모리 가즈오의 저서 《카르마 경영》을 읽으시고, 다음과 같이 두 통이나 보내주셨다.

" 자연성인간이 되자 "

DEC 08/2012

(성공하고 싶다면, 맡은일을 이루고 싶다면 자신이
 가지고 있는 모든 에너지를 그 일에 쏟아부어야만 한다)
 스스로 타지 않으면 결코 남들보다 앞서 나갈수 없다.

 리더가 되고 싶다면 자연성이 되어야 한다. 그러면, 조직 역시
자연스럽게 당신을 따라 자연성 조직으로 변할것이다.
 회사를 비롯해 여러사람이 모인 조직에서 일을 원만하고 효율적
으로 진행하려면 자연성인간, 즉 그일을 주도하며 . 하고자 하는
의욕에 충만한 사람이 필요하다. 이런 사람을 중심에 두면
도미노처럼 조직의 구성원 전체에 의욕이 퍼져 , 의외의 큰일을
이루게 된다. 주변만 빙빙 도는 사람은 절대로 일의 진정한 기쁨을
느낄수 없다. 자신이 일의 중심에 서서 적극적으로 리드하고 주위
사람들을 감싸안을때 비로서 자신이 해낸일의 참맛을 맛볼수
있으며 , 그일에 더욱 전력 질주할 수있게 된다.
 어느 조직이든 누가 지시하지 않더라도 스스로 조직이 추구하는 목표를
위해 무언가 말하고 앞장서려는 사람이 있기 마련인데 이는
작급이나 나이에 구애되지 않는다. 회사 물정에 어둡더라도 회사를
위한 일이라면, 서슴없이 의견을 제시하는 제안하는 사람은,
그가 아무리 어리고 경험이 부족하더라도 그 조직의 중심에 있는 사람이며
그 조직의 리더가 될자격이 충분한것이다.
 지시하는 대로만 일하지 마라. 끌려 다녀서는 절대 아무일도 제대로
해내지 못하며, 설령 일을 마무리했다 해도 만족감을 느끼지
못한다. 그 일의 리더라는 마음가짐으로 일하는것, 즉 자연성이
되어야만 일이 즐겁고, 놀라운 성과를 거두며, 인생 역시 더욱
알차고 풍요롭게 가꿀수 있다. 그런 자연성인간만이 성공할 자격이
있다.   "주 : (· 자연성인간 : 스스로 잘타며 스스로 행동한다.
              · 가연성인간 : 주변사람들의 영향을 받아야만 행동한다.
              · 불연성인간 : 공처럼 불타지 않으며 ,다른사람의 몸서까지 거드린다.

< 간절하게 소망하라, 그리고 행동해라 >

회사를 고수익 체질로 키우려면, 어떻게 해야 하나요?

경영자 스스로가 "무슨일이 있어도 우리회사를 고수익 기업으로 만들겠다"고 마음해야 합니다. 경영자가 그런마음을 갖고 이끌지 않으면, 회사는 어떤방법으로도 이익을 내지 못합니다. 그것도 그냥 마음하기 보다는 반드시 그렇게 해야 한다는 간절함이 우러나야 합니다. 제가 이것을 깨달은것은 1967년무렵 교토에서 열린 마쓰시타고노스케의 강연을 들었을때였습니다. 강연가운데 마쓰시타고노스케는 "댐식경영" 즉 강에 댐을 세워 항상물을 담아두듯이 여유를 갖고 경영하라고 말했습니다. 강연후 질의시간에 한사람이 이렇게 물었습니다. "확실히 댐식경영은 훌륭한 방식이라고 생각합니다. 하지만 막상 여유가 없는 기업이라면, 어떻게 해야합니까?" 마쓰시타는 잠시 생각에 잠기더니 고개를 들어 이렇게 대답 했습니다. "그렇게 좋은방법은 저도 모르겠습니다. 하지만 우선 그런여유를 만들어야 한다고 생각합니다." 그러자 회장안은 웃음소리로 가득찼습니다. 하지만 그말은 제게 큰깨달음을 주었습니다. "그렇다 진심으로 댐식경영을 따른다면, 어떻게든 해보려고 발버둥 칠것이고 그러다가 마침내 깨달음을 얻는다. 하지만 그런마음조차 없으면 아무런 깨달음도 얻을수 없다. 우선 여유있는 경영을 하고싶다고 진심으로 바라야한다."
마쓰시타는 "간절하게 바라지 않으면, 아무것도 이룰수 없다"고 말하고 싶었던 것입니다. 자기가 그렇게 될것이라고 믿지도 않으면서 어떻게 그일에 전념할수 있겠습니까?
간절한 소망을 품고 그것을 이루기 위해 마음속 깊이 바라는것이 모든일을 성취하는 원동력입니다.

OCT 24/2012

어느 분야에서든지 성공하려면 멘토를 만나야 한다. 멘토를 만나는 방법은 다양하다. 필자는 그동안 회사 경영에 관여하면서 멘토를 자주 만났다. 멘토는 바로 책이다. 책에서 회사 경영을 위한 지식을 얻었고, 책을 읽고 있노라면 지혜가 떠올랐다.

4장

자신이
꿈꾸는 대로
현실이 된다

부메랑이 된 감사편지

> "감사하는 마음은 매일을 특별한 날로 변모시킬 수 있고, 되풀이되는 일상을
> 기쁨으로, 평범한 순간들을 축복으로 바꿀 수 있다."
>
> — 윌리암 아서 워드(William Arthur Ward)

중소기업은 한정된 인원으로 한 사람이 두 몫을 하는 경우가 많다. 그래서 직원들은 필수 교육 이외의 외부 교육은 받기 어려웠다. 자기계발 할 여유는 더욱 없었다. 자기계발을 해야 본인도 회사도 성장하는데 그렇지 못한 게 현실이었다.

고민 끝에 회사와 직원들에게 도움을 주고자 책을 읽고 외부 교육을 받아 사내 교육을 했다. 부서 간의 업무소통과 협업을 위해 교육이 제일이라고 생각했다. 사내 교육할 때 직원들의 분위기가 싸늘해 보이고 지루해하였다. 교육을 마치고 직원들의 말을 들어보니 교육시간이 회의 분위기와 같다고

들 하였다. 모니터링을 해보니 정말로 회의시간처럼 딱딱하게 진행하고 있었다. 교육의 효과가 나올 수 없는 분위기였다. 교육 효과가 나타날 수 있도록 강의 기술을 배우기로 하였다. 이때 지인이 이화여자대학교 평생교육원에서 하는 교육과정을 소개해 주었다.

또한 안산 중소기업연수원에서 CEO 명품 아카데미 교육프로그램을 이수하였다. 경기지역 중소기업 대표들이 대부분 참석하였고, 교육은 격주 토요일 오전 9시부터 오후 6시까지 6개월 동안 진행되었다. 우리나라 주역이 되는 중소기업 대표를 비롯한 임원들의 다양한 역량을 채워주기 위해 강의 내용도 다양했고, 강사들도 출중하였다. 교육 이수 후 다양하게 많은 부분을 접했고, 경험하지 못한 것을 깨닫게 한 소중한 시간이었다. 여러 분야에서 일하시는 훌륭한 분들을 만나게 되었다. 그중에 한 분이 유치원 원장님이셨다. 단아하고 열심히 배우는 열정적인 분이셨다. 적지 않은 연세에 박사과정을 공부하고 있었다. 1인 3역을 하면서도 교육 시 일찍 오셨고, 늘 여유를 보여주셨다. 교육을 마쳤어도 그분과의 인연은 계속되었다. 그 외의 대표님들 몇 분도 지금까지 좋은 인연으로 만나고 있다.

유치원 원장님은 배움을 멈추지 않고 끊임없이 도전하였다. 박사과정을 하면서도 또 다른 도전으로 이화여대 명강사교육 프로그램을 이수한 후, 필사에게 딱 맞는 교육이라고 추천도 해주셨다. 사내 교육 시 도움이 될 거라고 하셨다. 교육 기간은 주 2회 6개월간 진행되는 프로그램으로, 교육비가 만만치 않았다. 주말과 주중은 저녁이라 시간을 낼 수 있어서 다행이었다.

고민 끝에 면접을 보고 합격하여 교육에 참석하였다. 교육생들은 창원, 대구, 대전, 경기, 서울 등 전국 각지에서 이미 강사로 활동하시는 분들이 대부분이었다. 교육하시는 분도 유명한 명강사들이었다. 교육을 받는 사람도 열정이 대단하였다. 매주 발표 과제가 주어졌다. 발표자료 준비로 한 주가 빠르게 지나갔다. 첫 수업은 1분 스피치로 시작하였고, 그다음 과제는 3분 스피치로 자기소개를 하는 것이었다. 3분짜리 자기소개를 하기 위해 수십 번을 연습하였다. 우물 안의 개구리가 우물 밖으로 뛰어나오는 기분이었다. 3분 자기소개를 하기 위해 긴장을 많이 했었는지 머리가 하얘지고 손에 땀을 쥐게 하였다. 연습한 만큼 자기소개를 잘해 가슴이 뿌듯했고, 이런 교육과정이 나를 성장하게 하였다.

교육주제는 다양하였다. 그중에 행복한 삶에 관해 강의하는 명강사님이 '100 감사 쓰기'로 변화하는 세상을 주제로 강의하였다. '100 감사 쓰기'는 나 자신이 행복하고, 주위와 함께 행복이 더해지며, 그 행복을 나눠주는 감사에 관한 내용이었다. 강의를 듣고 '1일 5 감사 쓰기'부터 시작하였다. 매일 5가지 감사를 쓰면서 생각하지 못한 소소한 일들이 소중하게 느껴졌고, 어려운 일이 생겨도 감사한 마음으로 견딜 수 있게 되었다. 사소한 것에 감사하니 삶에 관해 더욱 긍정적으로 생각하게 되었고, 긍정적인 삶으로 자리잡게 되었다.

이렇게 좋은 교육을 직원들에게 하기로 마음먹었다. 마침 직원들이 행복해지는 일이 무엇일까 고민하고 있을 때였다. 마음이 행복해야 일도 즐겁게 하고, 보람도 느끼게 될 것이었다. 감사 관련된 교육을 찾아보았다. '행복 나눔 125'라는 서울대 융합과학기술대학원 손욱 초빙교수의 강의가 있었다. 교육받을 때의 동료 도움으로 직원들 교육을 할 수가 있었다. 교육 후 직원들에게 감사편지를 과제로 내주었다. 처음에는 '1일 5가지 감사 쓰기'를 하였고, 그다음에는 가족에게 감사편지를 써오라고 하였다. 대부분 학교 졸업 후 편지를 처음 쓴다며 어색해하였다. 가족에게 써온 내용이 다양하였다. 사랑하는 부모님, 장모님, 아내, 남편, 자녀, 형제, 자매 등 가족이 모두 등장하였다. 모든 직원이 잘 써와서 감동적이었다. 그중에서도 가장 감동적인 편지를 선정하여 포상도 하였고, 직원들 앞에서 직접 낭독하게도 했다. 편지 내용을 듣고 있던 직원들의 얼굴에는 감동의 물결이 일었다.

지금도 기억에 남는 글이 생각난다. 아버지에 대한 글을 쓴 직원이 있었다. 유난히 딸에게만 엄하시고, 오빠와의 차별로 인해 어린 시절에 아버지의 사랑을 받은 기억이 없었다고 한다. 성인이 되고 나서도 아버지에 대한 감정이 좋지 않았지만, 세월이 지나 아버지를 조금씩 이해하게 되었다는 것이다. 그런데 아버지께서 건강이 나빠져서 입원하게 되었고, 병세는 점점 악화되었다. 아버지를 미워했었지만, 자신의 가슴 저편에 아버지의 사랑이 스며들어 있었고, 아버지를 미워하지 않을 때까지 건강하게 살아계시길 바라는 마음을 간절하게 표현하였다. 이 글을 읽는 자신도, 듣는 직원들도 모두 눈가에 눈물이 점점 고이고 있었다.

또 다른 사연은 연애 시절을 쓴 내용이다. 연애에서 결혼하기까지 달콤한 사랑을 그 당시로 돌아가 생생하게 표현하였다. 달콤한 사랑을 느끼는 사연으로 듣는 사람도 행복했다. 그 외에도 장모님에 대한 사랑, 자녀에 대한 사랑, 누나에 대한 사랑을 감사편지로 표현하였다. 편지를 낭독할 때 모두가 공감하면서 고개를 끄덕였다. 어느 하나 감동을 주지 않는 편지가 없었다. 연애편지는 써봤어도 감사편지는 대부분 처음 쓴다고들 하였다. 편지 쓰는 것 자체가 처음인 사람도 있었다. 강제적으로 쓰게 하였지만, 감사편지 내용은 그 무엇보다도 위대하였다. 감사편지 쓰기가 감사한 마음으로 변하였다. 10년 동안 직장생활하면서 가장 큰 감동을 받았다고 말한 직원도 있었다. 이렇게 직원들의 감사편지 쓰기는 직원들 한 명 한 명의 마음을 움직이는 계기가 되었다.

다음 해는 주제를 다르게 하였다. 주위에 소중한 사람 또는 존경하는 멘토, 고마운 동료, 평범한 일상 등 주제를 바꾸며 감사편지 쓰기는 계속 진행되었다. 이런 감사편지는 주변 사람들의 소중함을 느끼며, 달라지는 본인도 뿌듯해하였다. 회사 분위기는 점점 밝아졌고, 동료를 대하는 태도도 바뀌었으며, 직원들 간의 소통도 잘 되었다. 감사편지를 사내 게시판에 부착하였다. 감사한 마음은 가정에 행복을 가져다주었고, 가정의 행복은 부메랑이 되어 다시 회사로 전파되어 행복하게 일하니 회사 실적도 좋아졌다.

감사할 일이 있다면, 이번 기회에 감사편지를 써보기 바란다. 직접 써보면 감사에 대해 느끼는 바가 있을 것이다. 감사한 마음을 누군가에게 전달하면, 부메랑이 되어 자신에게 다시 돌아올 것이다. '100 감사 쓰기'에 도전

해 보기 바란다. 일상의 모든 일이 감사하고 소중하게 여겨질 것이다. '아브라카다브라(Abracadabra)'는 히브리어로 말하는 대로 이루어진다는 뜻이다. 마술사가 '수리수리마수리' 주문을 외우는 것과 같은 것이다. 감사편지를 쓰면 말한 대로 이루어진다.

감사편지 쓰기 교육으로 직원들은 감사 미소를 지었다. 감사하는 마음, 사랑하는 마음, 미안해하는 마음, 소중히 여기는 마음으로 평범한 일상이 특별한 날들로 바뀌었다. 이 글을 읽는 당신도 감사 일기를 꾸준히 쓴다면, 날마다 특별한 날이 될 것이다.

미래는 꿈꾸는 자의 것

"희망은 잠자고 있지 않은 꿈이다. 꿈이 있는 한 이 세상은 도전해 볼 만하다. 어떠한 일이 있더라도 꿈을 잃지 말자. 꿈을 꾸자. 꿈은 희망을 버리지 않는 사람에겐 선물로 주어진다."

– 아리스토텔레스(Aristoteles)

초등학교 시절부터 교사의 꿈을 갖고 있었다. 교사의 꿈을 이루려면 공부를 해야 하기 때문에 공부와 병행할 수 있는 일자리면 좋겠다고 생각하였다. 그러나 공부와 병행하며 일할 수 있는 데를 찾기 어려웠다. 그래서 알바로 일을 시작하게 되었다. 즐겁게 일하며 꿈을 향해 어떤 일이라도 할 각오가 되어있었다. 교사의 꿈을 이뤘을 때를 상상하면서 하루하루를 즐겁게 일하며 꿈을 키워나갔다. 알바로는 특이한 직종인 제조업이었다. 그 당시는 알바 일사리가 많지 않았고, 제조업은 알바보다 정규직 일자리가 많았다. 공부만 병행할 수 있으면 알바도 상관없다고 생각하였다. 교사가 되려는 꿈이 있었기에 허드렛일도 마다하지 않고 열심히 일하였다. 열심히 일한 결과

정직원으로 채용되었다. 기뻐해야 하는데 내 꿈이 멀어지는 것 같아 마음이 씁쓸하였다. 퇴근 시간이 늦어져서 하려는 공부를 할 수 없게 되었다.

정직원은 알바처럼 퇴근 시간에 맞춰 퇴근이 어려웠다. 업무도 많았고 상사의 눈치도 보였다. 퇴근 시간은 점점 늦어지기 시작했고, 급기야 수업을 빼먹어 학업을 계속할 수 없게 되었다. 꿈은 점점 멀어져 갔다. 짧은 알바 기간이었지만, 제조업에 관심을 갖게 되었다. 그 당시는 제조업이 왕성하게 성장하는 시기였고, 뿌리산업이자 기초산업인 금형은 더욱 발전하는 시기였다. 내가 일하는 곳은 금형을 제작하는 곳이었다. 처음 접하는 금형이라는 아이템이 신기하였다. 금형 제작은 큰 규모보다 소규모로 일하는 곳이 많았다. 서울에서 소규모로 시작하여 규모가 커지고 있었다. 수주가 계속 증가하면서 회사를 확장하여 이전하게 되었다. 금형 제작에서 사출 아이템까지 추가하여 금형 회사 근처에 사출 회사를 설립하게 되었다. 회사는 빠른 속도로 성장하였다. 회사 성장에 따라 나의 업무도 확장되었다. 확장된 업무로 교사의 꿈은 잊고, 경영 업무에 전념하게 되었다.

회사 경영은 광범위하였고, 가정에서의 경영과 비슷하였다. 여러 가지 일을 하면서 소통하고 협력하였다. 서로의 배려로 업무 효과도 있었다. 경영에 흥미를 느끼며, 이 길이 새롭게 느껴졌다. 한 분야 업무가 닥칠 때마다 새로운 일도 배웠다. 뭔가를 새롭게 배운다는 것은 설레고, 그 길로 끌어당기는 마법이 있었다. 3년 동안 살아있는 경영을 배웠고, 경영 공부를 한 것이었다. 나에게 새로운 경영자의 길이 생긴 것 같았다.

그토록 원하던 교사 꿈은 가슴 한구석에 담아 두었고, 새로운 경영자 길로 전진하였다. 처음부터 꾼 꿈은 아니었지만, 짧은 기간에 회사에서 다양한 업무를 배우고, 경험하며 경영자의 꿈을 꾸게 되었다. 멋진 경영자의 꿈을 이뤘을 때를 상상하면서 '제대로 해보자!' 하고 마음속으로 다짐하였다. 회사가 성장하며 확장되었고, 새로운 업무도 많았다. 기존에 하던 업무와 새로운 업무까지 하루가 정신없이 바쁘게 지나갔다. 새로운 일도 하나씩 배우게 되었다. 업무가 많아서 외부 교육을 받기는 쉽지 않았다. 일을 하다 보니 궁금한 것도 많았고, 공부를 해야 했다. 궁금한 일이 생길 때 시간이 없다는 핑계로 서점에 가서 책을 통하여 해결점을 찾았었다. 그러나 경영학을 좀 더 구체적으로 배우고 싶었다.

회사는 확장되어 대기업 거래도 늘어났고, 해외로 진출도 하게 되었다. 업무 수준은 점점 높아졌다. 확대되는 업무를 제대로 하려면 공부를 해야만 따라갈 수 있을 것 같았다. 그러나 시간이 문제였다. 경영학 공부를 하겠다는 생각만 하였고, 밀려오는 업무에 시간을 할애할 수가 없었다. 당장 하고 싶었지만, 현실은 할 수 없었다. 국내 및 국외로 출장도 많았고 육아도 병행하여야 했기 때문이었다.

국내에 본사와 지사가 있고, 해외에도 국외지사가 있다. 국내외에 지사가 설립되기까지 20년이 걸렸고, 20년 동안 업무에 몰입하며 일에 매진하였다. 미래에 꿈이 있었기에 일을 사랑할 수 있었고, 보람도 느꼈다. 일하면서 새로운 것을 배우며 익히는 시간은 더욱 행복하였다. 이러한 결과는 경영관리 임원으로 승진하게 되었다. 승진할수록 책임감과 업무능력이 더 필요하였다.

회사가 안정화되었고, 근로시간이 단축되면서 토요일이 휴무로 확정되었다. 시간을 활용할 수 있는 기회가 온 것이었다. 기회는 준비한 자가 잡을 수 있는 것이다. 마음의 준비를 하고 있었기 때문에 경영학 공부를 시작하기로 하였다. 경영학을 공부하여 이론과 실무를 확인해 보고 싶었다. 미래의 꿈을 향하여 경영학 공부를 시작하였다. 하고 싶었던 공부를 할 수 있게 되었고, 황금 같은 시간은 지식으로 쌓아져 갔다. 일과 공부를 병행할 때 뜻하지 않게 큰 고비를 여러 번 넘겼다. 건강하던 남편이 갑작스럽게 쓰러져 뇌경색이 왔고, 어머니께서 간암으로 판정받아 동시에 집안에 우환이 생겨 공부를 포기해야 하는 상황이었다. 공부는 잠시 미루어야 할 수밖에 없었다. 조금 쉬었다 하더라도 꿈은 포기하지 않았고, 매일 조금씩 하고 있는 일에 최선을 다하였다. 꿈은 포기하지 않으면 이룰 수 있다고 믿었다. 계속 노력한 결과 경영학 석사까지 마치게 되었다.

켈리 최는 《웰씽킹》에서 다음과 같이 말하였다.

"미래에 꿈꾸는 자가 되기 위해서는 무엇을 심었느냐가 중요하다. 어려운 순간을 이겨낸다면 그 자체가 경이로움의 존재이다. 심으면 거두어진다. 심는 것이 먼저다. 심지도 않고 거두길 바라는 것은 욕심이다. 내 삶의 중심에 무엇을 두고 살았는지 감정에 휘말리지 말고 흔들리지 않는 자세로 한 발씩 나아가야 한다. 무엇보다 지금 하고 있는 일에 최선을 다하라! 설령 꿈이 다른 곳에 있더라도. 왜냐하면 지금 하고 있는 일이 자신의 진짜 꿈의 현실로 실현시키는 기반이 될 수 있기 때문이다."

끈기를 가지고 목표에 집중하면 꿈을 이룰 수 있다. 꿈을 믿었다면 끝까지 믿기로 작정하고 실현시켜야 한다. 그러면 미래는 꿈꾸는 자의 몫이 될테니까! 어제와 오늘의 행동과 생각이 모이고 쌓여서 만들어지는 것이 미래다. 미래도 지금의 내가 하고 있는 일에 최선을 다하며 확신이 있어야 한다. 마하트마 간디(Mahatma Gandhi)가 이런 말을 하였다.

"미래는 오늘 무엇을 하느냐에 달려 있습니다."

미래를 꿈꾸는 사람은 오늘도 꿈꿔야 한다. 오늘 우리의 모습이 지난 시간의 생각과 행동이 쌓여서 이루어진 것처럼, 내일의 모습은 오늘이 더해져서 만들어진다. 미래를 꿈꾼다는 것은 오늘을 열심히 산다는 것이다.

꿈이 간절하면 이루어진다

"꿈꾸는 것도 훌륭하지만, 꿈을 실행에 옮기는 것은 더 훌륭하다. 신념 그 자체도 강하지만, 실행을 더 하면 더 강하다. 열망도 도움이 되지만, 노력을 더 하면 천하무적이다."

— 토머스 로버트 게인즈(Thomas Robert Gaines)

2012년 12월 20일 사출 공장 총괄로 발령받았다. 말 그대로 발령이었기 때문에 나의 선택은 없었다. 1주일만 기회를 달라고 했다. 주로 경영 업무만 하였기 때문에 영업과 생산기술이 문제가 되었다. 영업은 경영 업무와 병행하며 영업한 경험은 있지만, 사출기술은 내 분야가 아니었다. 사업장 중 가장 규모가 크고, 본사와 지사까지 통합하여 관리해야 했다. 지사는 지방에 있어 지방 출장도 자주 가야 했다. 새로운 업무로 많은 일을 하였지만, 어떤 일이 주어져도 고민을 많이 하지 않았는데, 이번 발령받은 업무는 고민이 많이 되었다. 직접 부닥치며 해보기로 하였다. 무슨 일이든 마다하지 않고 나서서 일했는데, 이번은 두려움이 앞섰다.

내가 잘하는 것은 서점가서 책을 통하여 방법을 찾는 것이었다. 그러나 이번은 내 결정에 달려 있었기 때문에 나 스스로 판단해야 했다. 같은 직종에 근무하는 지인한테 조언을 얻었다. 지인 대답은 간단했다. "임원인데 하고 안 하고가 어디 있느냐? 발령을 받았으면 해야지 여태까지 해왔던 대로 자신감 갖고 시작하라."고 조언하였다. 최선을 다해서 노력하면 잘할 수 있을 거라고 응원해 주었다. 그리 달가운 응원은 아니었다.

총괄을 맡게 되면, 가장 큰 고민은 직원에 대한 책임감이었다. 제일 큰 사업장으로 직원도 많았고, 직원 가족까지 포함하면 더 많은 인원이었다. 이 많은 사람이 나한테 달려 있다고 생각하니 책임감이 무거웠다. 고민 끝에 총괄업무를 맡게 되었다. 적자를 흑자로 만들어 직원들을 행복하게 해주겠다는 간절한 마음이 있었다. 마지막 도전이라고 생각하며, 회사도 직원도 행복할 수 있게 만들어 보겠다는 각오를 하였다.

발령받은 사업장이 3년째 적자로 어려움을 겪고 있었기 때문에 내부 조직개편은 선택이 아닌 필수였던 것이다. 경영관리 경험으로 일을 하게 되었으나, 가장 어려울 때 맡게 되어 부담이 컸다. 지금이 가장 안 좋을 때라 더는 나빠지지 않을 것이고, 좋아질 일만 남았다고 긍정적으로 생각을 하였다. 그러나 사출기술을 모르기 때문에 어떻게 해야 할까? 고민하다 기술을 당장 배우기는 어렵고 기술에 관하여 이론 공부로 알아가기로 하였다. 그리고 적자에서 탈출하기 위하여 해결할 업무에 집중할 것이고, 지방공장은 매

주 1회씩 출장을 가기로 하였다. 해외 출장도 업무인수인계 후 국내 사업장이 정상화 될 때까지는 당분간 출장을 보류하기로 하였다.

　국내 사업장에 매진해야 하므로 해외공장 인수인계로 해외 출장길에 나섰다. 해외 출장을 자주 다녔지만, 이번 출장은 다른 출장 갈 때와 기분이 달랐다. 새로운 일을 준비하는 마음으로 기내에서 잠도 오지 않았다. 머릿속에 상상한 것을 노트를 꺼내 하나씩 적기 시작하였다. 예전에 성공한 리더가 되기 위한 강의를 들은 적이 있었다. 그때 자기소개서를 마인드맵을 사용했던 기억이 났다. 적자에서 흑자로 만들려면 어떻게 하면 될까? 마인드맵으로 노트에 스케치하기 시작하였다. 흑자를 만들기 위해 내부에서 원가절감을 목표로 잡았다. 해야 할 일들을 머릿속에서 나오는 대로 스케치하였다. 마인드맵은 비용 절감을 기준으로 여러 줄기로 뻗어 나갔다. 팀장 대상으로 진행할 업무를 작성하였고, 메인 주제를 중심으로 5가지로 해야 할 일을 적어보았다. 첫 번째는 매일 마감 후 매출목표대비 실적을 수치화로 나타내야 한다. 둘째는 영업이었다. 고객사 방문을 매일 또는 주 1회 방문한다는 계획이었다. 세 번째는 품질이었다. 생산성을 향상하기 위해 품질교육을 계획하였다. WORST 제품을 개선하여 BEST 제품으로 만드는 것이었다. 네 번째는 공장의 설비관리였다. 사전 설비점검으로 가동률을 높이는 것이다. 다섯 번째는 회사를 깨끗하게 관리하고, 직원들에게 교육을 하는 것이었다. 직원들과 동기부여로 비전을 제시하고 함께 갈 수 있도록 하기 위해서였다. 마지막으로 결과가 나오기까지 과정을 재미있고, 보람되게

할 수 있게 하려고 몇 가지 구체적인 안을 생각하기로 하였다. 스케치를 마무리하고 나니 목적지에 도착하였다. 로드맵을 5시간 동안 정리하였던 것이다.

로드맵을 정리하고 나니 마음이 훨씬 가볍고 할 수 있다는 자신감도 생겼다. 그러나 나 혼자 할 수 있는 일이 아니었다. 팀장들과 함께해야 하는 일이다. 그래서 함께 협력하며 일할 수 있도록 솔선수범하며 하여야 했다. 해외 출장업무를 마무리하고 돌아오는 발걸음은 날아갈 듯 기뻤다. 할 일이 너무 많아서 무엇부터 해야 할지 정신없었다. 힘들어도 할 수 있다는 자신감이 생기기 시작하였다. 특히 기술 분야는 기술을 가진 기술자의 특권이기 때문에 가장 힘든 문제였다. 교육을 통해 기술교육을 하며 기술자를 양성하기로 하였다. 업무 FLOW를 작성하였고, 목표를 달성하기 위한 슬로건도 만들었다. 매출액에 따른 이익률, 생산가동률 및 불량률 목표치를 수치화하여 결과가 바로 나타날 수 있도록 하였다. 그 외에도 견적 테이블. 작업표준. 원가관리 자료를 하나씩 만들어갔다. 이런 과정에 오는 결과는 대단하였다.

상반기를 마감하면서 지방공장은 흑자로 전환하였고, 본사는 하반기에도 문제점을 지속해서 해결해야 흑자로 전환될 수 있을 것 같았다. 하반기는 부족한 영업을 보충하여 매출을 증가시키기 위한 전략을 세워 전사원의 영업화 교육을 하였다. 상반기 팀장들과 직원들 모두 쉼 없이 달려왔다. 그 결

과는 목표달성에 가까이 갈 수 있었다. 협동심과 화합을 다지기 위해 워크숍을 진행하였다. 장소는 지리산 둘레길 1코스 20km 걷기로 정했다. 지리산 둘레길 1코스 시작점에 본사와 지사 팀장들이 집합하였다. 상반기 업무에 집중하면서, 그 어느 때보다 많이 일하며 새로운 경험을 했을 것이다. 몸이 지칠 만도 하였는데, 다들 눈빛이 반짝였다. 하루 동안 둘레길을 걸으며 많은 대화도 나누었고, 험한 길이 나오면 서로 손잡아 주었다. 함께 웃고 때로는 일할 때 서운함도 말하며, 눈시울이 뜨거웠다. 이런 과정이 너무도 행복하였다. 저녁에 캠프파이어를 하면서, 팀장들은 뭐든지 해낼 수 있다는 각오를 다짐하며 한마음이 되었다.

하반기까지 열심히 노력한 결과 1년 만에 본사와 지사를 흑자로 만들었다. 다음 해를 더 성장해 나갈 수 있는 시스템도 갖추었다. 가장 많은 변화는 팀장들이었다. 마인드 변화가 일어나기 시작했고, 마인드 변화로 인하여 스스로 해결하는 일들이 많아졌다. 팀장들을 비롯한 직원들이 보람을 느끼며, 모두가 성장하는 한해였다.

꿈은 간절하면 이루어진다. 실제로 경험하였으니 더 말할 필요가 없었다. 뭔가를 이루고 싶다면 간절히 바라는 마음으로 도전하고, 죽을 만큼 노력하라! 그러면 반드시 이루어질 것이다.

지리산 둘레길을 걸으며 협동과 단합으로 한마음이 되었다. 모두가 환한 모습으로 하반기를 준비하며, 목표달성을 위해 나아가는 과정이다. 쉼 없이 달려온 시간이 행복하였다. 간절히 원하고 열심히 노력한 결과 흑자로 만들었다. 간절히 원하면 이루어진다.

매일 반복이 기적을 만든다

"성공은 매일 노력하는 반복의 합이다." — 로버트 콜리어(Robert Collierr)

파블로 피카소를 우리는 '천재 화가'라고 부른다. 파블로 피카소가 천재 화가로 불릴 수 있었던 건 지독한 연습벌레였다는 사실을 아는 사람은 많지 않다. 그림의 기본기 중의 기본기라 할 수 있는 데생 작업을 매일 반복하며 엄청난 시간을 투자한 인물이다. 연습을 거듭하면서 완성된 작품은 무려 4만 5천 점이나 되었다. 그중에 기적 같은 명작이 있었다. 파블로 피카소도 매일 그림을 반복적으로 연습하여 유명한 천재 화가가 된 것이다. 반복된 일상 속에 누구는 지루함을 느끼고, 누구는 새로운 것을 찾고, 누군가는 명작을 만든다.

'허드슨강의 기적'으로 잘 알려진 2009년 1월 15일 미국 라과디아 공항을 이륙한 직후 버드 스트라이크가 일어나 엔진에 불이 붙으면서 허드슨강에 불시착한 상황에서 승객과 승무원 155명 전원이 생존하였다. 이는 세계인을 놀라게 한 사고이다. 비행기가 강에 불시착하였음에도 불구하고, 한 명의 사망자도 없이 전원이 생존하는 기적이 일어난 사건이다. 그러나 체슬리 설런버거 기장은 기적이 아니라고 말한다. 그 이유는 사고에 대비한 무수히 많은 교육과 반복적인 훈련으로 다져진 노력의 대가라고 말한다. 'US 에어웨이스 1549편 불시착 사고'는 '허드슨강의 기적'으로 잘 알려진 영화이다.

반복적인 훈련은 여기서 그치지 않았고, 또 한 번의 기적이 있었다. '모건스탠리의 기적'은 9·11 테러 당시 임직원 2천 387명과 고객 250명을 대피시킨 일이다. 모건스탠리 보안책임자였던 릭 레스콜라는 비상시를 대비하여 대응 매뉴얼을 만들었고, 반복적인 훈련을 꾸준히 하였다. 분기마다 전 직원을 대상으로 73층에서 44층까지 30층을 걸어 내려가는 대피 훈련을 반복했었다. 일부 직원들은 반복된 훈련을 못마땅해하였지만, 지속해서 실시하였다. 그 결과 9·11 테러에서 많은 사람의 소중한 목숨을 건질 수 있었다. 이런 상황은 우연히 이루어진 기적이 아니라, 매일 반복한 훈련의 기적이었다.

'거안사위(居安思危)'라는 말이 있다. '편안한 처지에 있을 때에도 위험

할 때의 일을 미리 생각하고 경계해야 한다.'라는 의미이다. 현대사회에서 재난은 갈수록 많이 일어나고 있다. 예고 없이 찾아오는 재난에 대응할 수 있는 능력을 배양하며, 안전대비에 반복적인 훈련으로 기적을 만들어가야 한다.

"당신은 성공하고 싶은가?
목표가 있다면 목표를 달성하기 위해 노력을 반복하라.
에디슨은 "노력은 결과를 배신하지 않는다."라고 말했다.

무슨 일이든 매일 반복한다는 것은 쉬운 일이 아니다. 누구나 다 알고 있는 반복하는 일이 어려운 이유는 목표와 꿈이 있느냐, 없느냐에 따라 차이가 있다. 꿈을 이루고자 하는 명확한 목표가 있어야 한다. 명확한 꿈이 있다면 매일 반복되는 일상이 지루하지 않을 것이다. 오히려 열정을 더해 매일 반복하며 하루도 쉴 수 없을 것이다. 꿈과 목표가 없다면 때로는 반복되는 일상이 지루하기도 하고 힘이 빠질 때도 있다. 그리고 시행착오도 많이 하게 된다. 그러나 꿈이 있고 목표가 있으니 매일 반복하는 과정을 거친 뒤 오는 결과는 달콤한 것이라는 것을 알게 된다. 오늘도 공부하고 책 읽고 연습하는 과정이 결코 헛되지 않을 거라 나는 알고 있다. 성공도 매일 반복되는 일을 실천하느냐, 못하느냐의 차이이다. 반복하는 힘은 성공에 가까이 가고 있다는 증거다.

본사와 지사를 비롯한 사업장을 통합하여 경영관리 업무를 하였기 때문에 업무는 확장되었다. 업무가 확장되며 승진을 하게 되었다. 승진을 하여도 업무를 성장시키기 어려웠다. 승진을 할수록 한계에 부딪혀 두려움이 앞섰다. 일을 하는 데 문제가 없지만, 성장이 없는 것이 두려웠다. 맡은 업무를 고도화하기 위해 공부를 해야 했다. 또한 나 자신을 계속 발전시키고 능력을 길러서 경영에 도움이 되고자 공부하였다. 능력을 쌓아 자신감으로 불안한 미래를 준비하기 위해서였다.

공부는 단계가 올라갈수록 어려웠고, 일과 병행하니 시간이 턱없이 부족하였다. 여러 번 포기하고 싶었지만 자존심이 허락하지 않았다. '내 사전에 포기는 없다.'라는 말을 생각하였다. 공부를 늦게 시작하여 공부하고자 하는 마음은 더 간절하였다. 나의 좌우명인 불포가인(不抛加忍)을 되새기며, 어려운 공부를 가능할 때까지 매일 반복하였다. 반복의 힘으로 아주 조금씩 좋아지기 시작하였다. 공부는 힘들었지만, 반복적인 노력의 힘으로 경영학 석사 과정을 마칠 수 있었다.

필자가 정의하는 성공 요소는 열정과 긍정 그리고 끈기와 인내가 있어야 한다고 생각한다. 선천적으로 이어받은 것도 있지만, 후천적인 노력에 의해서 더해지고 습관이 되어 신념으로 자리 잡을 수 있었다.

로버트 컬리어(Robert Collier)는 "성공은 날마다 되풀이되는 작은 노력의 합이다."라고 말했다." 노력의 중요성을 말한 것이다. 노력에 열정과 긍정이 더해지면 최고의 성공 요소가 되는 것이다. 주위에서 긍정적인 사람이라는 말을 많이 들었다. 긍정적이라는 말을 들을 때 대단하게 생각하지 않았다. 부정적인 사람이 많으면 일 처리가 늦어지거나 문제해결을 못 하는 경우가 있다. 그러나 긍정적인 사람이 많으면 어려운 문제해결은 쉬워졌다. 긍정적인 마인드를 승화시키기 위하여 매사 노력하였다.

부모님의 따뜻한 사랑을 받고 자란 덕분에 인생을 살아가는 데 꼭 필요한 긍정 마인드를 지니게 되었다. 부모님으로부터 물려받은 최고의 자산이었다. 긍정적인 마인드를 유지하기 위해서 긍정적인 생각을 반복하였고, 부정적인 생각이 들 때 의식적으로 부정적인 생각을 긍정적인 생각으로 바꾸는 노력을 하였다. 매일 일어나면 하루 세 가지 감사할 것을 적어서 하루 마무리할 때 긍정적인 경험을 돌아보았다. 이러한 감사의 연습을 반복하면서 긍정적인 마음이 자연스럽게 형성되었다. 긍정적인 마인드는 주변 환경에도 영향을 받기 때문에 긍정적인 사람과 교류하였고, 긍정적인 영상을 보고 긍정적인 글을 읽었으며, 영감을 주는 사람들과 대화를 지속해서 반복하였다. 이러한 영향으로 긍정의 힘이 마음속에 자라며 긍정적인 삶으로 변화하였다. 마인드 변화는 쉽지 않은 일이다. 그러나 긍정적인 여러 가지 요소들을 반복하면서 습관이 되어 인생을 살아가는 데 기적 같은 힘을 주었다. 긍정적인 사고방식은 나의 최고의 장점이다.

반복은 나에게 최고의 길로 인도하였다. 지금껏 반복의 힘으로 얻은 결과

물이 많았고, 반복의 힘으로 성공했다. 아주 사소한 것이라도 반복만큼 강한 건 없다. 반복할 수 있으면 의지가 강한 것이고, 그 누구보다 앞서갈 수 있다. 하루 한발씩 나아가는 아주 작은 것이 매일 반복되면 기적을 만든다. 매일 반복해서 노력하는 사람이 가장 멋진 사람이었다.

아리스토텔레스는 이렇게 말했다.

"우리가 반복적으로 행하는 것이 우리 자신이다. 그렇다면 탁월함은 행동이 아닌 습관인 것이다."

걸림돌을 디딤돌로 만들어라

《핑(Ping)》이라는 책 속에 이런 문구가 있다.

"무언가 되기(be) 위해서는 반드시 지금, 이 순간 무언가를 해야(do) 한다."

무엇을 하려고 한다면 바로 지금 해야 한다는 말이다. 메말라가는 연못에서 황제의 정원을 찾아가는 핑(Ping)이 장애물인 걸림돌을 디딤돌로 만들어 행복을 찾아가는 로드맵을 필자는 직원교육에 활용했다.

핑(Ping)은 남다른 삶을 위하여 꿈과 비전을 갖고 최종 목적지인 황제의 정원을 찾아 나선다【꿈】. 열망과 의지를 갖고 메말라가는 연못에서 점프하여 새로운 곳에 도착하였다. 두려움이 있었는데도 진정한 용기를 내어 행동한 것이다【용기】. 핑(Ping)은 메말라가는 연못, 즉 현실에 만족하지 않고, 머무를 것인가 뛸 것인가를 고민하고 선택한 것이다【선택】.

매일 점프를 연습하여 상상을 초월한 높이로 솟아오르며, 자신감으로 가득 찼다. 그 무엇도 해낼 수 있겠다는 자신감으로 도착한 곳은 바로 철옹성처럼 자신을 가두어버린 덩굴 장막이 있는 가시덤불 속이었다. 황제의 정원을 가는 과정에 있는 가시덤불은 장애물이다【장애물】. 여기에서 장애물은 심리적인 위축과 실력 부족이다. 장애물을 극복하려면 자신감으로 실력을 쌓아 자기계발을 해야만 한다. 장애물을 만났을 때 포기가 아닌, 반드시 디뎌야 하는 디딤돌임을 깨달아야 한다【포기】.

핑은 자신감으로 무장하고 온 힘을 다해 삼나무와 소나무로 뒤덮인 덩굴 장벽을 빠져나가려고 애썼으나 실패하고 말았다. 기를 쓰고 몸부림을 쳐도 기운만 점점 빠져 실패를 거듭한 것이다. 나무들 사이로 강한 바람이 불어올 때, 그 기운을 이용해 더 높이 뛰어 보려 했으나 모든 시도가 허사였고, 몸은 하늘을 찌를 듯한 나무 덩굴에 부딪혀 마치 힘없는 돌멩이처럼 바닥에 내팽개쳐졌다. 계속 점프를 하다 보니 다리에 쥐가 나고 힘도 빠졌다. 나무장벽과 씨름하는 동안 이전에 전혀 몰랐던 세계도 경험하였다. 지칠 대로 지쳐 하늘을 올려다보며 간절히 도움을 청했다. 그러나 아무도 그를 도와주지 않았다. 노력을 아무리 해도 안 되는 게 있다는 것을 알게 된다.

핑은 무언가 의미 있는 삶을 찾을 수 있다고 믿었던 자신에게 '무모한 짓이야, 행복을 찾아간다는 희망에 들떠서, 얼마나 힘들지에 대한 생각은 하지 못한 거야!'라고 자책했다. 그러나 포기하기에는 너무 멀리 왔다. 스스로 무모한 짓이라고 하면서도 포기하지 않고 꿈을 실현할 능력이 자신에게 있다고 믿는다. 열심히 노력하고 간절히 원하니 하늘에서 멘토(Mentor)가 되어줄 부엉이가 나타났다【멘토】.

멘토란 '극적인 상황에서 손길을 내밀어 주는 존재가 아니라, 그동안 보지 못한 것을 조금 더 폭넓게 보게 하고, 경험하지 못한 것을 경험한 이에 불과하다. 멘토는 간절히 부르지 않으면 절대 대답하지 않는다. 멘토는 가르치는 것뿐만 아니라 격려하고 기다려 주는 것이다.'

핑은 멘토에게 잘할 수 있다고 노력한 것을 열심히 보였지만, 지켜만 볼 뿐 아무 말도 하지 않았다. 멘토인 부엉이는 말하였다. "네가 찾지 못한 길을 누가 대신 찾아 줄 수 있겠니?" 핑은 덩굴 장벽이 있는 가시덤불 속은 길이 없어 꼼짝도 하지 못한다고 말하자, 부엉이는 꼼짝 못 하게 가두어둔 바로 그 장작 나무로 높은 곳에 올라갈 수 있게 해주었다. 부엉이는 이미 경험한 것이다. 선택한 길에 아무 장애물이 없다면, 그 길은 어디로도 데려다주지 못한다는 사실을.

멘토가 말하는 길은 눈에 보이는 길을 말하는 게 아니다. 위기에 처했을 때 극복할 수 있는 길을 말하는 것이다. 핑은 멘토 부엉이가 현명하므로 멘토의 도움을 받는다면 무엇이든지 해낼 수 있다고 말한다. 부엉이는 "네가 어디로 가야 하는지 알고 싶다면, 바로 자신 안으로 들어가 혼란한 생각들을 모두 걷어치우고, 갈 곳이 어디인지 유심히 들여다보아라. 그리고 네가 진정 누구이며 무엇이 되고 싶은지. 가야 할 곳이 어디인지 알려 주는 비전을 갖게 될 것이다."라고 했다【비전】.

　자신이 가진 장점을 극대화하기 위해 끈기 있게 훈련을 거듭하여 이제까지 시도해보지 못한 새로운 것에 도전(Challenge)하였다【도전】. 어디로 가야 할지 모른다는 사실을 아는 것이 바로 모든 것의 시작이었다. 그게 바로 의도적인 삶의 시작이기도 하였다. 의도적인 삶이란 목표를 명확히 하고 가슴을 열어 마음을 활기차게 가지면, 자신의 운명을 결정할 힘이 생기는 삶이다. 그것은 우연(Chance)에 의해서가 아니라, 선택(Choice)으로 살아가는 삶이다. 부엉이는 핑에게 비전을 갖고 의도적인 삶을 살라고 조언했다. 지구상에서 몇 안 되는 보물 중의 보물, 아름답고 행복한 곳 황제의 정원을 찾아가 아름다움의 극치를 맛보라고 하였다. 그리고 아직은 가야 할 길이 멀고 많은 도전을 해야 한다고 알려주고 날아가 버렸다. 멘토는 '두드리지 않으면 절대 열리지 않는다.' 핑은 걸림돌인 가시덤불에서 장작 나무를 디딤돌 삼아 나무 덩굴을 타고 올라갔다. 멘토가 알려준 방법으로 점프 대신 장작 나무를 밟고 올라간 것이다.

　실패보다 실행하지 않는 것들에 대해 후회해야 한다. 확고한 신념으로 새로운 도전을 해야 한다【행동】. 핑은 새로운 도전으로 네 발이 아닌 두 발로 걷는 연습을 피나도록 하였다. 핑은 두 발로 걷는다는 것도 말도 안 되는 일이었고, 서기는커녕 앞다리를 드는 일조차 버거운 일이었다. 비관적이었던 마음을 긍정적으로 바꾸는 끈기가 있었다【끈기】. '태도가 곧 성취다.'라는 말처럼, 할 수 없던(Can't) 일도 할 수 있는(Can) 일이 되었다. 핑은 삶의 방향을 설정해주는 가슴 뛰는 청사진으로 자신의 한계조차 훌쩍 뛰어넘을 준비가 되어있었다. 진정한 용기로 철석강을 건너려고 뛰어들었다. 철석강은 황제의 정원을 가기 위해 꼭 건너야 하는 강으로 가장 큰 고비이다. 물살이 세기 때문에 떠내려갈 수도 있다. 무언가가 되고자 한다면 반드시 무언가를 행해야 한다. 이제까지 했던 행동 중에서 가장 높이 점프를 하였다.

철석강 급류가 그를 단번에 삼켜버렸고, 얼음장처럼 차가운 물이 다리를 때리며 무수한 훈련을 거쳐 강한 다리를 만들었다고 생각했는데, 거센 물살이 순식간에 휩쓸고 지나갔다. 아무리 저항해도 가라앉았다 떠올랐다 꺼졌다 솟기를 반복하며 허우적댔다. 물살은 거칠게 깊은 수면 속으로 핑을 영원히 가라앉히고, 강하게 발길질하며 균형을 잡으려 했으나, 다리는 힘없이 허덕이고 있었다. 힘이 빠질수록 황제의 정원 도착은 점점 멀어져 갔다. 영혼마저 갈가리 찢겨가는 기분이었다. 강을 거슬러 올라가 보려는 노력은 가련할 정도로 무의미하였다. 철석강은 저항하는 핑을 휘어잡아 급류로 밀어 넣었기 때문에 그의 몸은 힘없이 가라앉았다. 죽음을 맞이하게 된 것이다. 그런데 기적이 일어났다. 이제는 할 수 있는 게 아무것도 없어 철석강의 흐름에 따라 몸을 맡겼다. 장애물을 만나면 자유자재로 방향을 바꿔 드디어 도착한 곳은 바로 행복의 최종 목적지인 황제의 정원이었다【흐름】.

핑이 장애물을 만날 때마다 걸림돌을 디딤돌로 만들어 의도적인 삶을 살아가는 과정은 우리에게 많은 교훈을 준다. 필자도 직장에서 많은 장애물을 만났다. 그때마다 피나는 노력으로 장애물을 걸림돌이라 생각하지 않고 디 딤돌이라 생각하며, 걸림돌을 디딤돌로 만들어냈다.

핑을 사례로 다음과 같이 직원들에게 교육하였다.

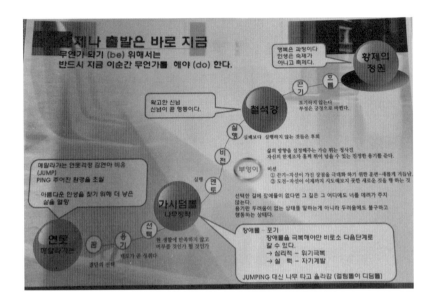

06

성공한 사람을 가까이하라

"당신을 더 나은 사람으로 만들어줄 사람들과 어울려라."

— 오프라 윈프리(Oprah Gail Winfrey)

성공한 사람들이 새벽을 예찬하면서 성공의 비밀이 새벽에 있다고 말한다. 삶의 목표를 성공으로 이끄느냐의 여부는 하루를 어떻게 보내느냐에 달려 있고, 그 시작이 새벽이라고 생각하기 때문이다. 요즈음 성공을 꿈꾸는 사람들이 자기계발을 위해 새벽에 기상하여 미라클 모닝을 많이 하고 있다. 필자 또한 지나온 삶을 되돌아보니 매일 새벽에 일어나 활동하였다. 그 당시 새벽은 출근하여 업무를 준비하는 시간이었다. 지금도 습관이 되어 출근 시간이 이르다. 주위에 비슷한 유형의 사람들이 아침 시간을 좀 더 가치 있게 활용하기 위해 모임을 만들었다. 일명 '포럼팀'이다. 이 포럼팀은 여러 회사에서 경영관리 업무를 맡고 있으며, 자신의 삶에 도전하는 사람들의 모임이다.

포럼팀은 새벽에 포럼형식으로 진행된다. 김병완 저서《빨리 가려면 혼자 가고 멀리 가려면 함께 가라》는 위기의 경영을 여러 전설이 되는 사람들로부터 해답을 구하듯이 포럼팀도 멀리 가기 위해 경영에 필요한 여러 가지 일들을 함께 배우기로 하였다. 포럼팀은 서로에게 능력을 발휘할 수 있도록 돕는 강한 힘을 지니고 있다. 각자 지닌 능력으로 재능을 나누며, 더 나은 경영자가 되기 위해 아침 포럼을 함께 했다.

성공이란 자신이 목표한 바를 이루어내는 것이다. 사회적 지위나 부를 얻는 것을 목표로 하는 사람도 있지만, 마음이 편안하고 행복을 느끼는 삶을 성공으로 여기는 사람도 있다. 그러면 나의 성공 기준은 무엇인가? 두려움 없이 자신감 있게 살아가는 삶이라고 할 수 있다. 여자가 계속 승진을 하니 남들은 성공했다고들 했다. 그러나 사실 난 매우 불안했다. 임원으로서의 역할을 다해야 하는데 부족한 것들이 많아서이다. 그래서 지위에 맞는 경영인이 되기 위해 공부하기 시작했다. 임원다운 임원이 되기 위해 기술이면 기술, 이론이면 이론, 영업이면 영업 공부를 다른 사람보다 두 배로 열심히 했다. 그 결과 적자를 흑자로 만들고 자신감도 생겼다. 이때부터 나 자신을 믿으며 말이 아닌 행동으로 임원임을 증명하기 시작했다.

성공은 사람마다 생각하는 기준이 다르다. 성공하기 위한 한 방법으로 성공한 사람들과 가까이 지내는 것이다. 그래서 성공한 사람들의 모임인 포럼 팀은 또 다른 성공을 위해 이른 아침에 모여 한 사람씩 준비한 자료를 발표 했다.

첫 번째 발표자 : 스피치를 잘하는 방법에 대해 발표했다. 자기소개부터 회사소개 스피치를 비롯한 스피치의 유형별 내용 구성기법을 소개했다. 이 분의 발표로 스피치의 중요성을 깨달았고, 스피치할 때마다 이때 배운 것을 참고하고 있다.

두 번째 발표자 : 매년 트렌드 코리아에서 주는 핵심키워드로 공유경제에 대해 발표하였다. 공유경제란 재화나 서비스를 소유하는 것이 아닌 다른 사람들과 공유하며 사용하는 것으로 카쉐어링(쏘카, 그린카) 서비스들을 말한다.

세 번째 발표자 : 여러 사람의 사업실패 사례를 들어, 경영하면서 위험에 처할 수 있는 요소를 자세히 알려주어 실패를 피하는 방법을 배웠다.

네 번째 발표자 : 엑셀 작업으로 컴퓨터를 활용하는 함수를 배웠다. 이 학 습으로 재고시스템에 적용할 수 있도록 하였다.

다섯 번째 발표자 : 프랜차이즈사업의 상권분석에 대해 학습하였다. 자영 업을 운영할 때 접목할 수 있도록 선행 학습을 하였다.

여섯 번째 발표자 : 돈, 직업, 생활의 위기를 해결하는 리스크 관리법에 대 해 발표하여 경영자로서 경영 리스크를 최소화할 수 있도록 배웠다.

이외에도 협상의 스킬, 트리즈 교육, 개인정보 보호법, 인더스트리 4.0,

통신 보안 안전의 먹거리 찾기로 스마트업 과제, 버츄(감사)교육 등 다양하게 각자 준비한 것을 발표하였다. 교육하는 사람도 교육을 받는 사람도 서로 배우게 되어 능력이 향상되었다. 이른 아침에 함께 하면서 각자 맡은 업무에 접목하게 되었고, 모두가 함께 성장하는 시간이었다. 포럼팀은 서로에게 더 나은 경영자로 서게 해주었다.

회사에서 경영관리는 업무를 포괄적으로 할 수 있어야 한다. 경영과 관련된 교육을 받으면 관리하는 데 도움이 될 것 같아서 주말에 시간이 될 때 강의를 찾아다녔다. 생산성본부에서 주말에 진행하는 교육이 많아 신청하려고 보니 신청이 마감된 교육이 대부분이었다. 교육을 포기하고 주말에 쉬려고 했는데 마침 지인에게서 연락이 왔다. 갑자기 일이 생겨 신청한 교육에 참석할 수 없다고 하며 시간이 되면 교육을 받아보라는 것이다. 내가 원하는 교육은 아니었지만, 새로운 것을 배운다는 마음으로 참석했다. 그런데 온종일 받아야 하는 교육이었다. 그래서 오전에는 참석해 보고 오후까지 교육을 받을지의 여부를 판단하려고 하였다. 오전 교육을 받아보니 내 업무와는 다른 분야인데, 교육이 생각보다 유익했다. 오후에는 시간 가는 줄 모르고 교육을 받았다.

오전에는 주로 이론 교육을 하였고, 오후에는 질문하고 답하는 토론 형식이었다. 제시한 과제를 그룹별로 토론하여 발표하였다. 짧은 시간이었지만, 같은 그룹에서 활동하였던 교육생 한 명을 알게 되었다. 교육받는 내내 지켜보니 예의 바르고 과제 해결능력이 남달랐다. 또한 과제 수행 시 배려심도 있었다. 무엇이든 잘할 수 있는 사람으로 느껴졌다. 교육을 마치고 같이 전철을 타고 오면서 나중에 또 연락하자고 연락처를 주고받았다.

몇 년이 지나 업무적인 관계로 다시 만나게 되었다. 서로가 각자 자리에서 많이 성장하였고, 서로 추구하는 생각이 비슷하였다. 오랜만에 만나 대화하는데 내 안에 있는 잠재된 아이디어를 끌어내 주었고, 경영에 계속 도전할 수 있도록 힘을 실어주었다. 이 경영자와 함께한다면 내 인생도 달라질 것 같았다. 제조업에서 일하는 사람으로 우리는 서로 든든한 후원자가되었다. 내가 모르는 분야에서는 그 경영자의 도움을 받았고, 내 분야에 대해서는 상대에게 도움을 주었다. 한마디로 우리는 서로에게 멘토였다. 회사 직원들에게 교육하기 위해 관련된 책을 읽고 함께 토론하였고, 문제점이 발생하면 해결점을 찾을 때까지 함께 고민하였으며, 해결점을 찾으면 실행에 옮겼다. 우리는 함께 성장해나갔다.

워런 버핏(Warren Buffett)이 이런 말을 하였다.

"닮고 싶은 사람, 내가 되고 싶은 사람, 함께 있으면서 배우고 싶은 사람을 가까이하라."

서로 닮고 싶어 했고, 함께 있으면 더 배우고 싶은 사람이었다. 그런 사람이 가까이 있으니 성장하는 데 서로 도움이 되었다. 멈추지 않고 계속되는 노력은 그 누구도 따라갈 수 없었다. 그런 사람이 가까이 있으니 상생하며 좋은 인연으로 지내고 있다.

　주위에 멘토가 되어줄 사람이 있다면, 이미 성공했다고 말할 수 있다. 살아가는 데 있어서 앞날에 어려움이 많겠지만, 바른길로 걸어갈 수 있도록 조언해줄 수 있는 멘토가 있다면 이미 성공한 삶이라고 할 수 있다. 가까이에서 믿음을 주고, 힘을 실어주며, 성공을 향해 나아갈 수 있도록 돕는 멘토가 있다면 분명 성공한다. 내 주위에는 성공을 꿈꾸는 사람들이 늘 가까이에 있어 오늘도 행복하다.

07

멘토 작가를 만난 건 행운이다

"한 권의 책을 쓰는 것은 인생을 브랜딩하는 최고의 방법이다."

– 박성배의 《책 짓기 건축술》 중에서

'우물을 파려거든 한 우물을 파라.'는 속담이 있다. 어렸을 때 어머니가 자주 하셨던 말씀이다. 일할 때 한 가지 일을 꾸준히 해야 성공한다는 뜻으로, 일을 너무 많이 벌여 놓거나 하던 일을 자주 바꾸면 아무런 성과가 없으니 어떤 일이든 한 가지 일을 끝까지 해야 성공할 수 있다는 말이다. 사회생활을 시작할 때 어머니는 이 속담을 내게 더욱 강조하셨다. 한 곳에서 진득하게 일해야지 자주 옮겨 다니면, 일도 제대로 배울 수 없고 신용 없는 사람이 된다고 말씀하셨다. 그 당시는 우물을 파려거든 한 우물을 파라는 속담이 시대적으로 통했다.

지금은 다양하게 경험을 쌓으려고 여러 곳으로 옮겨 다니는 경우도 있고, 경력을 쌓아서 더 좋은 회사로 이직하는 경우도 있다. 또한 기술을 배워 창업하는 경우도 있다. 한 우물을 파라는 말은 옛말이 되어버렸다. '만 가지 재주 가진 놈이 밥 굶는다.'라는 말도 옛말이다. 지금은 재주가 많으면 투잡할 수 있어 경제적으로 도움이 되고, 직장에 대한 불안감도 덜하다. 직업에 대한 개념이 이렇게 많이 바뀌었다.

한 회사에서 알바로 시작해 40년 가까이 일하여 부사장이 되었다. 이렇게 승진한 것은 어머니께서 말씀하신 대로 한곳에서 능력을 길러야 성공할 수 있다는 무언의 힘이 작용하였다. 40년 동안 지루하지 않게 일할 수 있었던 몇 가지 요소도 있었다. 소규모로 시작하여 회사가 커지면서 국내외로 공장이 설립되었다. 새로운 공장이 설립될 때마다 업무는 늘어났고, 늘어난 업무는 늘 새로웠다. 새로운 업무에 늘 도전한 결과, 개인적으로 성장하게 되었고, 능력을 인정을 받아 승진하게 되었다. 승진하면 할수록 맡은 업무를 고도화하기 위해 관련된 공부를 끊임없이 하였다.

어느덧 정년이 다가오고 있다. 40년 동안 회사를 경영하면서 쌓은 경험들을 남기고 싶었다. 나 자신을 되돌아보고, 미래를 계획하며 나의 경험들이 누군가에게 꿈과 희망이 될 수 있기를 바라는 마음이었다. 그동안 겪은 경험을 언젠가는 책으로 쓰려고 생각만 하고 있었다.

경상도에 지사가 있어 사람들을 접할 기회가 많았다. 경상도 사람은 무뚝뚝하다는 말을 많이 들어 무뚝뚝할 것이라고만 생각하였는데, 경상도 사람을 접해보니 경상도 말이 예쁘고 간드러졌다. 처음에는 무슨 말인지 알아듣기 힘들었는데 경상도 말에 점점 익숙해지면서 정겹고 친근감 있게 느껴졌다.

오랜만에 대구에 사는 지인이 내게 연락하였다. 경상도 특유의 억양과 밝은 목소리로 안부를 묻는 전화였다. 오랜만이라 반가웠고, 경상도의 간드러진 말투가 더욱 정겹게 들렸다. 오랜만이라 서로 안부 인사를 나누었다. 한참을 얘기하는 중에 자신의 책이 출간되어 보내준다고 하였다. 지인의 삶 자체가 한 권의 스토리였기에 책을 받기도 전에 설레기 시작했다. 마치 내가 책을 쓴 것처럼 말이다.

책을 받았을 때는 명절이라 바빠서 읽지를 못하고, 명절이 지나 책을 읽게 되었다. 책 제목은 《시도하지 않으면 아무것도 얻을 수 없다》이다. 어린 시절 시골에 살면서 꿈꾸었던 꿈을 찾아 도시로 올라와, 즐겁게 일하며 하고자 하는 것이면 무엇이든 시도하여 얻을 수 있다는 내용을 담은 것이었다. 책을 펴자마자 단번에 다 읽어버렸다. 수필집으로 시골의 향수도 느낄 수 있었고, 밤하늘에 빛나는 별도 볼 수 있었다. 그리고 열심히 노력하여 의도하는 삶을 살아가는 모습도 그려졌다. 때로는 서정적으로, 때로는 강한 의지가 담긴 주도적인 삶으로 멋지게 서술하였다. 이 책의 저자인 지인을 만나러 대구로 내려갔다. 저자를 만나는 순간 내가 책을 출간한 기분이었다. 책을 다 읽고 만나기 때문에 대화거리도 풍성하였다. 지인의 직장에서의 직급도 있지만, 책을 출간하였으니 작가님이라는 호칭으로 불렀다. 순간 내가 작가가 된 듯, 머릿속은 그동안 꿈꿔 왔던 작가의 삶을 상상하게 되었다.

지인은 책을 쓸 때 코칭을 받았던 국어교사를 소개해 주었다. 지금은 은퇴하고 책 쓰기 코칭, 강연가로 활동하고 계시며, 《책 쓰기로 인생 리셋하기》외 다수의 책을 출간한 작가라고 했다. 교사가 꿈이었던 내 마음속에는 늘 교사는 동경의 대상이었다. 글쓰기 준비가 안 된 상태에서 작가님을 직접 만나러 갔다. 우연의 일치일까? 작가님을 만나러 간 곳은 내가 자란 곳이었다. 매번 다니던 길이라 낯설지 않았다. 내가 다니던 중학교 정문을 지나 작가님을 만나러 가는 발걸음은 가벼웠고, 가슴은 뛰었다. 마치 모교에 은사님을 찾아뵈러 가는 기분이었다. 도착한 곳은 용봉산 입구에 있는 카페. 이곳에서 첫 만남을 가졌다. 내가 먼저 도착하여 공기 좋고 산세 좋은 풍경을 둘러보고 카페로 들어갔다. 입구 쪽에서 밖을 내다보며 기다리는데, 왜 그리 가슴이 뛰는지 그때의 설렘을 지금도 잊지 못한다. 약속한 시각이 되자, 단아하시고 누가 봐도 선생님의 느낌을 주는 고운 모습으로 한 분이 들어오셨다. 멀리서 봐도 한눈에 알아볼 수 있었다.

드디어 작가님과 미팅이 시작되었다. 서로 자신에 관해 소개한 후, 책 쓰기에 대해 대화를 나누었다. 책을 쓸 준비는 안 되었고, 막연히 생각만 하고 있었던 것들에 대해 한번 만나 뵙고 조언을 얻으려고 했었다. 그러나 두 시간 정도 대화를 나누면서 마음이 바뀌고 있었다. 나는 조심스럽게 작가님께 질문했다. "작가님을 만나기 전 작가님의 저서 《책 쓰기로 인생 리셋하기》 와 《당신의 삶도 이미 베스트셀러이다》, 이 두 권을 읽고 책 쓰기를 할 수 있는 용기를 갖게 되었습니다. 실제 만나 뵈니 작가님에게 더욱 믿음이 가고 책을 쓰고 싶은 욕구가 생겼습니다. 제가 글을 써도 될까요?"라고. 작가님은 바로 답변하셨다. 내 인생 자체가 스토리라고. 40년 동안 일하며 얻은 풍부하면서도 산 경험은 하나밖에 없는 인생 스토리로, 누군가에게 희망이 되고 도움이 된다면 값진 글이 된다고 하셨다. 열심히 살아온 내 인생에 대해 보상받는 기분이었다. 작가님이 멘토가 되어주신다면 쓸 수 있겠다는 믿음이 생겼다. 작가님을 믿고 바로 책 쓰기를 실행에 옮겼다.

칼 메닝거(Karl Menninger)는 이렇게 말했다.

"무엇을 가르치냐보다 어떤 스승이냐가 중요하다."

필자가 원하는 코칭 작가를 만나게 된 것이다. 저서를 남겨야겠다는 마음만 있었지, 이렇게 당장 쓰게 될 줄은 몰랐다. 경험을 하나씩 꺼내어 쓰면서 작가님의 책 제목이 생각났다. 《책 쓰기로 인생 리셋하기》, 소제목 하나씩 쓰고 있는 지금, 내 인생을 리셋하고 있었다. 머릿속에 있는 생각을 글로 표현하는 것이 어려운 일인 줄 알았지만, 말하는 것보다 몇 배 힘들다는 것을 책 쓰기를 통해 알게 되었다. 작가님의 코칭을 받으면서 고민하고 또 고민하여 한 꼭지씩 써 내려갔다. 작가님은 친구에게 말하듯이, 스토리가 되도록 쓰라고 강조하였다. 그리고 스스로 쓸 수 있도록 지켜봐 주고 기다려 주셨다. 처음 뵈었을 때보다 책을 쓰면서 작가님에 대한 믿음은 한층 더해졌다. 코칭해주실 때는 디테일하게 지도하며 섬세한 인품까지 훌륭하셨다. 책을 쓸 수 있도록 용기를 주신 작가님 덕분에 힘들어도 계속 쓸 수 있었다. 책 쓰기를 통해 나 자신이 많이 성장하였고, 시간 속에 묻혀 있던 소중한 삶의 경험과 지혜를 끌어낼 수 있었다.

어려서부터 나에게는 훌륭하신 멘토님이 늘 곁에 있었다. 최초의 멘토인 어머니를 비롯하여 학창시절에는 선생님, 사회에 나와서는 대표님 그리고 주위 지인분 등이 바른길로 걸어갈 수 있도록 힘이 되어 주셨다. 그리고 제 2 인생의 갈림길에서 또 한 분의 멘토를 만났다. 바로 내 인생을 리셋할 수 있도록 작가의 길을 안내해준 멘토 작가님을 만난 것이다. 나의 미래를 위한 꿈을 갖게 해주었고, 스스로 글을 쓸 수 있게 가르쳐 주셨다. 내 인생에 멘토 작가님을 만난 건 행운이다. 책 쓰기는 제2의 인생을 시작하는 티핑 포인트(Tipping Point)가 되었다.

08

꿈을 이루면 내가 누군가의 꿈이 된다

"눈 덮인 들판을 걸을 때 함부로 어지러이 걷지 마라. 오늘 내가 남긴 발자취
는 뒷사람의 이정표가 되리니."

— 서산대사의 야설

2010년 직원들과 함께 수리산을 등산했는데, 밴쿠버 동계올림픽에서 김
연아 선수의 피겨경기를 보기 위해 서둘러 내려왔다. 집에 도착하기도 전에
경기가 시작되어 누구나 할 것 없이 길 가던 사람들도 TV가 있는 곳으로 몰
려들었다. 필자 또한 길목에 있는 식당 앞에 걸음을 멈추고 경기를 보기 시
작하였다. 전 국민이 김연아 선수 피겨경기를 볼 정도로 그 당시 최고의 스
포츠경기였다.

우리나라는 축구와 골프 그리고 피겨까지 세계적으로 스포츠 우승국이
되었다. 어릴 때부터 공부만 강요하던 우리나라 교육이 축구와 골프의 강국

이 되면서 스포츠로 전향하기 시작하였다. 축구로 성공한 박지성 선수를 보고 어린이들이 축구선수의 꿈을 키웠고, 골프로 성공한 박세리 선수를 보고 여자골프선수가 많이 배출되었다. 골프를 배우려면 비용이 많이 드는 부담감이 있음에도 골프를 배우는 사람들은 점점 증가하였다. 대중화되지 않았던 피겨종목은 김연아 선수를 보고 어린 꿈나무들이 피겨선수의 꿈을 키워나갔다. 김연아 선수는 혼자만의 꿈이 아닌 많은 사람에게 꿈을 꾸게 해주었다. 이렇게 꿈을 이루면 그 꿈은 다른 누군가에게 꿈이 되었다. 김연아 선수는 꿈을 이루기까지 피나는 노력을 거듭하였다. 그 사실을 증명하는 김연아 어록이 많았다.

"처음부터 겁먹지 말자. 막상 가보면 아무것도 아닌 게 세상엔 참으로 많다."

처음부터 잘 모르기 때문에 겁을 먹게 되지만, 무엇이든 막상 해보면 알게 되고, 알고 나면 어려운 것은 없다. 처음부터 겁먹지 않고 도전하는 사람이 성공하는 경우가 많다는 것이다.

꿈이 있다는 건 행복한 일이다. 하지만 그 꿈을 이루기 위해 얼마나 독하게 자신을 단련해왔는지를 떠올려보면, 꿈을 이룬 행복한 순간을 위해 얼마나 견디기 어려운 노력을 해왔는지 알게 될 것이다. 99℃까지 열심히 온도를 올려놓아도 마지막 1℃를 올리지 못하면, 영원히 물은 끓지 않는 것처럼, 마지막 1℃, 즉 포기하고 싶은 바로 그 1분을 참아내지 못하면 꿈은 이루지 못하는 것이다. 꿈을 이루기 위해서는 어느 분야든지 마찬가지다. 스스로가 피나는 노력이 있어야 하고 매 순간 포기하지 않는 인내가 필요하다. 혹 실패가 있었다면 그것을 교훈으로 삼아 다시 일어서야 한다.

　알바로 시작한 일이 평생 직업이자 직장이 될 줄은 꿈에도 상상하지 못했다. 어떻게 알바로 부사장까지 되었을까? 알바라고 주어진 시간에만 일하지 않았다. 일찍 출근하여 주어진 일 외에도 일이 있으면 허드렛일까지 닥치는 대로 했다. 집에서 하기 싫은 청소도 하고, 상사분 커피까지 정성껏 준비하였다. 무슨 일이든 처음부터 잘할 수는 없었다. 실수로 심각한 상황까지 벌어지는 여러 과정을 거치면서 더욱 단단해졌다. 실수는 두 번으로 이어지지 않도록 노력하였다. 회계결산을 위해 몇 번씩 확인하면서 1원의 오차도 없이 완벽하게 해냈다. 많은 업무로 몸도 마음도 힘들었지만, 꿈이 있었기에 꿈을 이루었을 때를 상상하면서 어려움을 극복해냈다. 낮에는 알바, 밤에는 공부하면서 나의 꿈을 키워나갔다. 열심히 노력한 결과 능력을 인정받아 정규직으로 채용되었다.

　회사는 소규모 중소기업이었다. 제조업으로 쇠를 다루는 직종이며, 내가 전혀 알지도 못하는 금형을 만드는 회사였다. 즉 나의 취업 관심 분야가 아니었다. 알바를 할 때는 업종에 상관없이 저녁에 공부만 할 수 있다면 뭐든지 한다고 생각하였다. 그러나 알바를 하다가 정규직이 되면서 몇 가지를 고민하게 되었다.

첫 번째, 내 꿈을 이룰 수 있을까?

두 번째, 내가 원하던 직장이 아닌데, 계속 일할 수 있을까?

세 번째, 중소기업인데 평생직장이라고 생각할 수 있을까?

이 외에도 여러 가지 질문을 나 자신에게 던졌지만, 현실은 어쩔 수 없이 일해야만 했다. 답도 스스로 찾아야 했다. 그러나 알바할 때는 무슨 일이든 상관없이 일만 열심히 하면 되었는데, 정규직이 된 후에는 인생의 첫 관문에서 고민을 많이 하게 되었다.

알바를 하면서 일이 재미있다는 것을 느꼈고, 나의 재능을 발견하는 계기가 되었다. 일하던 곳은 중소기업이지만 호황기를 맞아 성장하는 시기였고, 제조업에서 꼭 필요한 업종이었다. 평생직장은 내가 어떻게 일하느냐에 달려 있을 것 같았다. 정규직으로 일하면서 제조업에 관심을 두게 되었다. 중소기업이었지만 강하게 끌어당기는 힘이 있었다. 회사 분위기도 가족 같았고, 주거래처는 대기업으로 경제적으로 안정성도 있었다. 대기업에서 품질을 인정받아 거래처가 안정적으로 확보되었고, 경영주의 경영철학도 확고하였다. 이런 여러 상황을 생각해보니 일하고 싶은 마음이 생겼다. 교사의 꿈은 멀어져갔지만, 비전이 있고 확고한 경영자의 철학이 있었기에 경영인의 새로운 꿈을 꾸며 열심히 일해보기로 마음먹었다.

중소기업에 근무하는 직장인들이 소신껏 자기계발을 하며 열심히 일한다면 경영인으로서 성장할 기회는 많다. 중소기업은 조직이 대부분 수직으로 되어있어 의사결정이 매우 빠르며, 본인의 능력을 발휘하여 열심히 일하면 능력을 인정받기가 수월하여 승진도 빠르다. 이외에도 중소기업의 장점은 많다. 내가 직급에 연연해서 일한 것은 아니지만, 맡은 일 외에 새로운 일이 닥칠 때마다 앞장서서 일하였더니 중소기업의 장점들이 내가 승진하는 데 힘을 실어주었다. 회사는 점점 커가며 계속 성장하였고, 회사가 성장하는 만큼 나의 직급도 한 단계씩 올라가 어느덧 임원으로 승진하게 된 것이다.

기업에서 임원으로의 승진은 군에서 별을 달 정도로 올라가기 힘들다. 임원이 된다는 것은 극소수의 사람만이 얻는 것으로, 아무나 되는 것이 아니기 때문이다. 임원으로 승진했을 때 기쁨이나 성취감보다는 불안감이 앞섰다. 임원으로서 역할을 다 해야 하는데, 내가 과연 해낼 수 있을까? 부족한 것들만 생각났기 때문이다. 그래서 지위에 맞는 경영인이 되기 위해 공부를 시작하였다. 업무처리에 부딪힐 때는 책을 붙잡았고, 늦은 나이에 경영학을 전공하여 석사까지 마쳤다. 이론에 관한 공부를 하면서 하는 일에 확신과 자신감도 생겨나 자신을 믿으며 그다음 단계로 나아갈 수 있었다. 높이 올라갈수록 공부는 끊임없이 해야 했다. 노력한 결과는 배신하지 않았고 부사장까지 승진하게 된 것이다. 지금도 끊임없이 공부하며 경영인으로서 도전하고 있다.

속담에 "늦었다고 생각할 때가 가장 빠른 때이다."라는 말이 있듯이 공부는 때가 없었다. 내가 필요할 때 공부하면 그때가 가장 빠른 때였다. 대부분 사람이 공부해야 한다고 하면서도 용기를 내지 못하고 있다. 공부가 필요하면 늦었다고 후회하지 말고 용기를 내어 지금 시작하기 바란다. 공부하면 하는 일에 도움이 되고, 자신을 더욱 성장시킬 수 있다. 중소기업에서 일하는 사람들이 주어진 일만 하지 말고, 경영인으로서 안목을 키우는 공부를 하면서 경영인의 꿈을 꾸었으면 좋겠다.

꿈의 힘은 전파력이 강하여 그 파급효과가 크다. 만약 당신이 어떤 꿈을 이루기 위해 이 책을 읽고 더욱 노력한다거나 지금 당장 꿈이 없지만 꿈을 찾으려고 많은 책을 읽기 시작한다면 더 바랄 것이 없다. 당신의 꿈은 당신 혼자만의 꿈이 아닌, 모든 사람에게 좋은 꿈의 씨앗이 되고 성장의 자극제가 될 것이다. 당신이 꿈을 이루면 그 꿈은 다른 사람에게 꿈이 되어 현실이 되게 만들 것이다. 내가 이룬 꿈이 또 누군가의 꿈이 되기를 이 시간 간절히 바란다.

5장

은퇴를 앞두고 인생 2막을 준비하다

◆ 01 ◆

나의 로드맵은 그린 대로 가고 있는가?

"당신도 당신만의 '5년 후'를 그려보라. 그리고 지금 당장 5년 프로젝트를 기획하라."

– 그린 라이트형제(Green right Brothers)

평균 수명이 점점 길어지고 있는 지금은 100세 시대로, 인생을 최소 두 번은 살아야 한다. 한 번은 가족의 공동체를 위한 삶이고, 그다음은 자신과 사회를 위한 삶이다. 첫 번째 인생은 집에서는 가족을 우선으로 하고, 직장에 나가서는 회사 시스템에 맞는 인생을 살아가느라 나다운 삶을 포기했었다. 이제 퇴직할 무렵이 되어 두 번째 인생을 준비하고 있다. 내 삶에 내가 주도권을 갖고 나답게 살아가는 것이다. 나답게 살기 위해서는 전략적으로 삶의 계획을 세워야 한다. 누구에게도 휘둘리지 않고 내 뜻대로 살아갈 수 있는 삶으로, 새로운 인생 도전이 될 것이다.

내 나이 50이 되었을 때 '목표를 이루기 위해 10년 노력하고 투자해라. 그러면 분명 10년 안에 승부가 날 것이다. 승부를 내기 위해 우선 공부하자.'라고 적어놓았다. 공부하겠다고 적긴 적었는데 막상 무슨 공부부터 시작해야 할지 몰라 고민이 되었다. 그래서 앞으로 10년 동안 해야 할 공부 로드맵을 구체적으로 그리기 시작했다. 10년을 열심히 공부하면 두 번째 인생 시작점에서 디딤돌이 될 수 있겠다는 생각에서였다. 그리고 로드맵대로 실천하려면 철저한 긍정적인 마인드와 의지가 필요하였다. 그 후 하나씩 실천해나가기 시작했다.

우리가 그동안 많이 들었던 문구, '책 속에 길이 있다.'라는 말이 맞는 말이었다. 책 속에 지식과 지혜, 삶의 방법 등 없는 것이 없었다. 늦은 나이였지만, 책을 늘 가까이하면서 경영학을 전문적으로 공부하였고, 이후는 관심 분야의 책과 학습을 통한 로드맵을 그렸다. 로드맵에 따른 구체적인 계획은 첫 번째 경영학사와 석사를 공부하여 경영 실무를 하고 있지만, 이론적으로 공부하여 업무를 더욱 고도화시키고 나의 성장과 회사 발전에 기여하고자 하였다. 승진에 따른 부담감으로 한 단계 승진할 때 자신감을 갖고 일할 수 있게 하기 위함이었다. 두 번째는 책을 읽고 일을 해오는 동안 나의 삶을 되돌아보며 미래로 나아갈 수 있는 '책 쓰기'였다. 세 번째는 제2의 인생에 새로운 삶을 살기 위해 내 꿈이었던, 나도 보람을 느끼며 사회에 도움이 되는 가르치는 사람이 되고자 관련된 학습을 하려고 계획을 세웠다.

로드맵을 따라 빠르게 가려고 하기보다는 조금 느리게 가더라도 쉬지 않고 가는 것이 중요하겠다는 생각에 꾸준히 노력하였다. 갑자기 변수가 생길 때는 비켜 가기도 하였다. 어떤 어려움에도 시작한 것은 포기하지 않았다. 배운 것을 접목하는 즐거움으로 다음 단계를 또 실천할 힘이 생겼다.

경영 공부를 6년 마치고 코로나가 시작되어 집에서 머무는 시간이 많아졌다. 할 수 없이 계획을 변경하여 관심 있는 분야의 책을 읽기 시작하였다. 평소에 읽고 싶었던 자기계발 분야를 비롯하여 경영. 경제 등 다양하게 책을 읽으니 실전에 도움이 되었다. 코로나로 인하여 독서를 많이 하였던 결과로, 은퇴 후 나의 버킷리스트 중 하나인 책 쓰기가 앞당겨졌다. 정확한 목표를 갖고 목표에 맞춰 계획을 실행하니 결과가 반드시 있었고 꿈도 자연히 이루어졌다. 꿈을 이루어가는 과정에 변수가 생길 수는 있다. 그런데 변수를 걸림돌이라고 생각하지 말고 디딤돌로 만들어 로드맵을 따라가는 게 중요하다. 어떤 상황에서든지 포기하지 않고 극복해 나아가야 한다.

로드맵을 그린 지 거의 10년이 되는 시점인 지금, 나의 로드맵을 점검해 보니 그린 대로 제대로 가고 있었다. 부사장으로서 일하면서 곧 은퇴를 앞두고 이렇게 책을 쓰고 있으니 말이다. 로드맵을 그릴 때는 막연하게 느껴지기도 했지만, 하나씩 실천해가면서 성취감을 맛보았고 열심히 노력한 결과를 통해 보람도 느꼈다. 시작이 반이라는 말이 있듯이 계획한 것을 시작만 하면 자연스럽게 결과를 얻을 수 있었다. 다음 단계의 성취를 위한 에너지도 생겼다. 한 번에 모든 것이 이루어지지 않는다. 작은 것 하나부터 실천해나간 것이다. 작은 것 하나의 성공이 큰 성공으로 이어졌다.

책을 쓰면서 나의 로드맵을 다시 점검하였고, 다음 로드맵을 준비하였다.

미국의 3대 대통령 토머스 제퍼슨(Thomas Jefferson)이 이런 말을 하였다.

"아무 하는 일 없이 시간을 낭비하지 않겠다고 다짐하라. 우리가 항상 뭔가를 한다면 자신도 놀랄 만큼 수많은 일을 해낼 수 있다."

일만 하다가 정년을 맞이하여 은퇴하게 되면, 무엇부터 해야 할지 모르게 된다. 은퇴하기 전 미리 계획하여 준비한다면 두 번째 인생도 황금 같은 인생이 될 것이다. 주도적으로 제2의 인생을 살아가려면 준비해야 한다. 10년 전, 미래 로드맵을 그려 놓고 '앞으로 10년 동안 로드맵대로 실천한다면 후회 없는 삶을 살게 될 거야.'라고 생각했었다. 되돌아보니, 그동안 최선을 다해 살았으니 조금도 후회가 없다.

이제 새로 시작할 두 번째 인생 지도를 또 그려보고자 한다. 두 번째 인생에 로드맵을 그리기 위해 도움이 되는 책을 읽었다. 바로 하우석 작가의 《내 인생 5년 후》이다. 5년이란 시간은 인생에서 많은 것을 성장시키는 기간이었다. 본문 중에 이런 내용이 있었다.

"5년은 260주, 1,825일, 4만 3,800시간, 262만 8,000분이다.

미켈란젤로는 인류 최고의 걸작으로 손꼽히는 시스티나 성당벽화를 완성하는 데 5년이 걸렸다. 셰익스피어가 인류 불멸의 문학작품으로 평가받는 4대 비극을 완성하는 데도 5년이 걸렸다. 콜럼버스가 신대륙을 발견하기까지도 5년이 걸렸다. 김연아가 시니어 대회 첫 우승에서부터 올림픽 금메달을 목에 걸기까지도 5년이 걸렸다.

5년 후 오늘, 당신은 어디에 있을 것인가?

5년 후 오늘, 당신은 어떤 사람들과 함께 있을 것인가?

5년 후 오늘, 당신은 무엇을 하고 있을 것인가?"

사법시험에 합격한 사람들의 평균 시험 준비 기간도 5년이고, 창업 후 성공적으로 사업을 이끌어 가기 위해 버텨낸 기간도 5년이었다. 5년이라는 기간은 결코 짧은 시간이 아니다. 황금 같은 시간이 선물로 주어졌으니 앞의 질문에 대답할 수 있도록 지금부터 준비하여 보자.

필자의 5년 후 로드맵을 그려나가는 데 이 책이 많은 도움이 되었다. 5년 후 나는 어디에서 무엇을 하며 어떤 사람들과 함께할 것인가? 지난 10년 동안 열심히 공부한 것을 바탕으로 로드맵을 그려보았다. 내 어린 시절 꿈이었던 교사의 꿈을 실현하기 위해 가르치는 일을 하는 강사, 자기계발서를 쓰는 작가, 지금 하는 공부를 마치고 학위를 받아 사회에 기여하고 보람을 느끼며 일할 수 있는, 평생교육원을 운영하는 사업가로 활동할 계획이다. 사랑하는 가족과 내가 하는 일과 관련된 지인들, 친구 그리고 멘토와 함께 할 것이다. 5년 후에도 현역으로 하고 싶은 일을 할 것이다. 지나온 10년도 중요하지만, 앞으로 5년도 매우 중요하다. 두 번째 인생을 살아가기 때문이다. 지금까지 제2 인생의 로드맵을 그린 것처럼, 목표를 달성하기 위해 해야 할 일들을 하나씩 실천하려고 한다. 그릿(Grit)의 바탕이 될 것이다.

당신의 인생 로드맵이 없다면 지금부터 그려보기 바란다. 로드맵을 그린 사람과 그렇지 않은 사람과의 차이는 엄청나게 다를 것이다.

찰스 존슨(Charles Johnson)이 이런 말을 남겼다.

"지금부터 5년 후의 내 모습은 두 가지에 의해 결정된다. 지금 읽고 있는 책과 요즘 시간을 함께 보내는 사람들이 누구인가 하는 것이다."

02

가슴 뛰는 인생을 살고 싶은가?

"지금의 삶이 편안하다고 느낀다면 당신은 뒤로 가는 삶을 살고 있는 것이다."
– 《보도 섀퍼(Bodo Schafer)의 이기는 습관》 중에서

당신은 미치도록 일해본 적이 있는가?

당신은 가슴이 터질 듯한 설렘으로 일해본 적이 있는가?

한 회사에 40년 동안 다니면서 앞만 보며 미치도록 일했다. 어느 날은 가슴 벅차게 기쁜 일도 있었고, 내일이 기다려지는, 가슴 터질 듯이 설레는 날도 있었다. 이런 기쁨은 어떤 일을 도전할 때마다 느끼는 감정이었다. 20대에는 일을 배우느라 재미있었고, 30대는 배운 일을 적용하여 결과가 나타나니 가슴이 뛰었다. 40대는 가슴이 뛰는 일에 도전하니 행복했고 보람을 느끼게 되었다. 국내 · 외에 10년 단위로 공장이 설립되어 여유로울 시간도

없이 일은 늘 많았다. 하지만 새로운 일들을 시작할 때마다 가슴이 뛰었고, 신축공장이 완공될 때마다 보람을 느꼈다.

그렇다고 늘 좋은 일만 있었던 것은 아니다. 난관에 여러 차례 부딪히기도 했다. 그때마다 지혜롭게 극복해나가야 했다. 지나온 일들을 회상해보니 좋은 일이 더 많았기에 어렵고 힘들었던 일은 잊게 되었다. 그동안 해왔던 일들이 익숙해졌고, 회사 경영이 시스템으로 돌아가니 시간적인 여유도 생기게 되었다.

어느덧 내 나이 50대로 접어들었다. 50대가 되면 개인적으로 시간적인 여유가 있겠다고 생각하여 그동안 하고 싶었던 공부를 할 계획이었다. 그러나 계속 일이 많아 일에 전념하다 보니 50대에 공부하겠다고 선언한 계획은 잠시 잊고 있었다. 갑자기 관계사인 2공장으로 발령받아 이동하게 된 것이다. 우리 회사에서 가장 큰 규모인 2공장으로 발령받아 새로운 일이 더욱 많아졌다. 회사가 어려운 상황에서 적자를 흑자로 만들어야 하는 미션도 주어졌다. 그 당시 회사가 설립된 지 30년이 넘어 장기근속자가 많았다. 이들은 경험이 많아 일의 노하우가 있는 장점도 있지만, 매너리즘으로 일의 효율성이 떨어지기도 하였다. 미션을 수행하려면 회사의 여러 문제를 해결해야 하는 상황이었다.

직원들의 장점을 살려 함께 회사를 잘 운영해보고 싶었다. 그래서 가장 먼저 로드맵을 그리고 세부계획을 작성하였다. 계획이 가장 중요하기 때문에 계획을 세우는 데 많은 시간이 투입되었다. 그리고 미션을 하나씩 수행하기 시작했다. 운영 시스템을 만들어 서로 협력하며 함께 나아갈 수 있는 조직을 구성했다. 구성된 조직원에게 업무 교육과 태도 교육을 하며 목표를 달성하기 위한 전략을 세워 실행했다. 조직원들과 함께하니 직원들의 소속 감이 높아졌다. 그리고 자신감을 심어주기 위해 관련된 책을 읽게 하였고, 그 결과를 바탕으로 교육하였다. 업무의 효율성이 두 배가 되도록 서로 협력하게 지도하였고, 때로는 고통도 감내하도록 교육했다. 그 결과 적자에서 흑자로 만들어냈다. 회사 내의 분위기가 어떻게 달라졌을까? 이루 말로 다 표현할 수 없는 기쁨을 직원들 모두가 만끽하고 일에 더욱 정진하게 되었다. 직원과 함께 회사가 성장하는 모습을 보며 가슴 뛰는 삶이 무엇인지 알게 되었다. 미션을 수행하는 과정 그리고 그 결과에 대해 지금 생각만 해도 가슴이 벅차오른다.

가슴 뛰는 인생을 살고 싶은가? 그러면 도전하라!

가슴 뛰는 인생을 살고 싶다면 가슴 뛰는 일을 해야 한다. 그것이 사람이 이 세상에 태어난 이유이자 목적이다. 그리고 그런 삶을 간절히 원하면 실제로 가능하다는 사실을 경험을 통해 깨달을 필요가 있다. 자신이 원하는 방향으로 삶을 이끌어나가는 힘이 누구에게나 있기 때문이다. 살아가면서 늘 두려움을 생각하는 사람은 자신의 삶이 두려움으로 가득 차게 된다. 사랑과 빛을 생각하며 꿈꾸는 듯한 삶을 그리는 사람은 오직 사랑과 빛만을 체험한다. 당신이 체험하는 물리적 현상은 당신이 무엇을 생각하고 믿는가에 따라 결정된다.

나와 구성원들 그리고 회사가 성장하기 위해서 공부를 더 이상 늦출 수는 없었다. 내가 성장해야 직원들의 업무도 고도화시킬 수 있고 회사도 성장하기 때문이다. 공부를 하겠다는 10년 로드맵을 그렸다. 경영학사 · 석사 과정을 공부하였고, 코로나 기간에는 집에 머무는 시간이 많아서 독서를 하였다. 이렇게 공부한 경영학을 경영 업무에 적용하였더니, 직원들이 더욱 적극적으로 일하여 경영에 대한 확신도 갖게 되었다. 지금은 세컨드라이프에 필요한 공부를 하고 있다.

회사 경영을 위해 경영학을 공부하여 직원들에게 교육하면서 나의 능력이 발휘되어 그 영향이 나타날 때 말로 다 표현할 수 없을 정도로 가슴이 벅차올랐다. 교육은 어디에서도 필요하였다. 교육을 받고 직원이 성장하고 회사 일이 즐거워지면 회사도 성장하게 된다. 이것이 교육의 가장 큰 효과이고 가치이다. 새로운 일 그리고 새로운 공부에 도전할 때 그 어떤 것과도 비교할 수 없이 가슴이 뛰었다. 공부와 일은 한마디로 내 인생에서 가슴 뛰는 일이다. 어렵고 힘든 일이 닥쳐도 해낼 수 있다는 자신감으로 시작할 때, 모든 일을 해낼 수 있었고 가슴 뛰는 일이 되었다. 자신감으로 무장하여 자신감으로 돌파하면 해내지 못할 일이 없었다.

코로나로 집에서 머무는 시간이 많아져서 책을 읽으며 새로운 지식도 얻었고, 독서를 통해서 하고 싶은 일에 도전해 보고 싶다는 열망도 생겼다. 그 것이 바로 책 쓰기였다. 제2의 인생에서 첫 번째 버킷리스트 중 하나였다. 막연한 꿈이자 희망으로 책을 읽다가 문득 책을 쓰는 작가가 되어 제2의 인생에는 작가라는 호칭이 붙여졌으면 좋겠다는 생각이 들었다. 그런데 갑자기 전화벨이 울려 받아보니 지방에 사는 지인이 오랜만에 연락을 해왔다. 한참 동안 안부 인사를 서로 주고받은 후, 선물로 책 한 권 보내준다고 하였다. 받아보니 송추향 작가의 저서《시도하지 않으면 아무것도 얻을 수 없다》이다. 이 책은 김선옥 작가의 저서《책 쓰기로 인생 리셋하기》를 읽고 중단했던 책 쓰기에 다시 도전했다고 한다. 나도 이 책들을 모두 읽고 책 쓰기에 도전하기로 했다. 올해 3월에 책 쓰기를 시작하여 지금 마지막 장인 5장을 쓰고 있다.

책 쓰기를 위해 준비된 것은 없었다. 평소에 책을 좋아해 여러 분야의 책을 읽었고, 필자가 하는 일들을 메모하여 모아놓은 메모 노트와 일기장 여러 권뿐이다. 이것이 책 쓰기에 자산이 되었다. 필자가 40년 동안 일하며 겪었던 여러 일을 글로 풀어내면서 경험한 추억들이 정리되었고, 즐겁게 일하며 가슴 뛰었던 열정이 되살아나기도 하였다. 지나온 일들을 점검하며 미래 계획도 세울 수 있었다. 이런 일들이 필자를 행복하게 만들었고 책 쓰기라는 새로운 일에 도전하여 가슴 뛰는 삶을 살고 있다. 꿈이 현실이 된다는 것은 얼마나 열망하고 준비하느냐에 달려 있었다.

가슴 뛰는 삶을 살고 싶은가?

하고 싶은 일, 하고자 하는 일에 적극적으로 도전하라. 도전할 일은 너무도 많다. 마음속에만 두었던 꿈이 있었다면 머뭇거리지 말고 지금 꺼내어 도전해 보라. 일단 시도하라. 그리고 포기하지 않으면서 꾸준히 노력한다면 꿈이 이루어지는 날을 맞게 될 것이며 가슴 뛰는 삶을 살게 될 것이다.

마하트마 간디가 이렇게 말했다.

"할 수 있다는 신념을 품으면 처음에는 그런 능력이 없을지라도 나중에는 틀림없이 할 수 있는 능력을 갖게 된다."

트렌드를 읽어야 미래가 보인다

"기업이 트렌드를 읽는다고 해서 100% 성공할 수는 없지만, 트렌드를 읽지 못하면 100% 실패는 보장할 수 있다."   - 피터 드러커(Peter Ferdinand Drucker)

40대는 열심히 살아가는 시기이기도 했지만, 급변하는 사회로 인해 불안한 시기이기도 했다. 열심히 앞만 보고 달려와, 40대 후반에 문득 나를 되돌아보니 사회가 빠르게 변화하고 있었다. 서점에 들러 '요즘 트렌드가 뭘까?' 하고 책을 고르다가 눈에 띄는 책 제목을 발견했다. 김난도 교수의 《아프니까 청춘이다》이다. 책 표지에 이런 문구도 있었다.

"시작하는 모든 존재는 늘 아프고 불안하다. 하지만 기억하라, 그대는 눈부시게 아름답다."

계산도 하지 않고 서점 한구석 의자에 앉아 책을 읽기 시작하였다. 내 가슴에 콕 박히는 문구도 있었다.

"꾸준히 습관을 바꾸도록 연습하라. 혼자 놀지 마라. 좋은 멘토를 찾아가라. 좋은 책을 많이 읽고 글을 많이 써라. 다양한 지식을 경험하라."

이 문구를 읽고 50세가 되기 전에 뭔가에 도전해야겠다고 결심했다. 다섯 가지를 바탕으로 나의 10년 미래 계획을 세웠고, 10년 후 눈부시게 아름다운 내 모습을 상상하였다. 상상만 해도 가슴이 뛰고 설렜다. 좋은 책을 읽고 다양한 지식을 경험하기 위해 서점에 가는 건 일상이 되었다.《아프니까 청춘이다》를 읽고 나의 청춘은 지났지만, 내 인생의 터닝 포인트가 되었다. 그때부터 김난도 작가의 책을 찾아보니《트렌드 코리아》가 매년 발간되고 있었다. 2012년부터《트렌드 코리아》를 읽고 미래를 준비하는 데 참고가 되는 키워드도 알게 되었다. 소비를 전망하는 이 책을 올해로 12년째 읽고 있다. 새로운 키워드와 유행하는 신조어 등 상식을 많이 알게 되었다.

빠르게 변화하는 사회에 새로운 키워드가 계속 생겨났고, 키워드는 해마다 새롭게 변화하였다. 키워드와 신조어는 그 해의 트렌드가 되었다. 트렌드 키워드는 경영계획에도 반영하여 세부적인 내용을 공유함으로 트렌드를 앞서갈 수 있도록 관리자들에게 교육도 하였다. 새로운 신조어들을 앎으로 조직에서 젊은 세대와 소통하는 데도 도움이 되었고, 시대에 뒤떨어지지 않게 따라갈 수 있었다. 2012년부터 해마다 《트렌드 코리아》에서 나오는 소비키워드를 기다리게 되었다. 소비 트렌드를 알면 영업에도 많은 도움이 되고 매출도 증대할 방법을 찾을 수 있었다. 2012년 키워드 드레곤 볼(Dragon Ball)로 읽기 시작하여 2024년 키워드 드레곤 아이스(Dragon Eyes)까지 소비 트렌드를 읽는 데 큰 도움이 되었다. 소비 트렌드뿐만 아니라 마케팅과 머니 트렌드까지 보게 되었다.

2012년은 매출 감소에 따른 회사 사정이 어려울 때였다. 매출을 늘려야 고정비를 감당할 수 있었다. 자체 개발이 아니고 주문생산 방식이라 수주를 매월 하여야 했다. 제품 특성상 영업으로 매월 수주를 받아야 했다. 변화하는 시대에 맞는 제품으로 영업을 하지 않으면 경쟁력을 잃기 때문에 꾸준히 트렌드에 맞춰 신규업체를 발굴하여야 다음 해 매출을 안정적으로 갈 수 있었다. 급변하고 있는 시대에 제품의 트렌드는 다양하게 변화하였다. 제품의 수명주기는 갈수록 짧아졌고, 제품들이 다양화되고 있었다. 시대에 맞춰 새로운 트렌드에 맞는 새로운 신규업체 발굴이 시급하였다.

영업은 영업부에서 해야 한다는 생각을 바꿔 전사원의 영업화로 만들었다. 필자가 일하는 곳은 중소기업으로, 회사가 어려울 때 함께 해결하겠다는 직원들의 마인드가 있어 매출을 늘리는 데 모두가 한마음이 되었다. 전사원이 한마음이 되어 굳건한 의지로 영업을 시작했다. 신규업체를 유치하기까지 걸리는 시간은 통상 3개월 이상이었다. 상황에 따라 1년이 걸리기도 하였다. 영업은 꾸준히 발품을 팔지 않으면, 단시간에 이루어지기가 힘들었다. 신규업체에 회사소개를 한 후 신뢰를 쌓으려면, 오랜 시간이 걸린다. 이 시간을 줄이는 방법으로, 협조부서에서 초기영업업무로 신규업체 정보를 조사하여 영업이 가능한 최적화된 신규업체를 찾아 주는 것이었다. 그러면 영업부에서는 바로 일선에 나가 영업할 수 있다. 이렇게 전사원을 영업에 투입하였다.

여러 가지 정보를 찾다 보니 빅 데이터(Big Data)가 트렌드 키워드가 되고 있었다. 빅 데이터를 활용하여 신규업체를 발굴, 영업에 접목하기로 하고 곧장 실시하였다. 우리 회사에 맞는 제품군과 회사로부터 반경 200km 이내로 지역별 조사를 하였다. 회사가 어려운 상황을 직원들이 감지하도록 하였고, 전사원의 영업화로 신규업체 기본정보와 규모 현황을 조사하게 하였다. 영업부서뿐만 아니라, 타 부서 협조로 최대한 많은 업체를 조사하였다. 그 결과, 회사의 제품군은 다양하였다. 트렌드에 맞는 아이템을 찾아 의료기, 로봇, 화장품, 가정용 살균기, 생활용품, 안전 관련 기기인 소방기기, CCTV, 블랙박스도 있었고, LED, 헬스케어, 전자제품 등 카테고리별로 2천 개 이상의 업체를 찾았다. 그리고 가장 먼저 업체의 신용을 점검하였다.

빅 데이터 정보로 점검한 결과, 1천 개 업체가 사라져서 나머지 1천 개 업체 중 기존에 하던 제품군과 새로운 제품군을 구분하여 업체를 나누었다. 그리고 1천 개 업체 중 우리 설비와 맞는 업체를 500개로 요약하였다. 500

개 업체는 기존제품군과 새로운 제품군을 나눠 영업을 시작하였다. 전화나 메일로 약속하고 방문하기 시작하였다. 이렇게 전략적으로 영업한 결과 3개월이 지나면서 한 업체씩 등록이 되었다. 등록된 업체는 매출로 이어져 어려운 상황을 극복하는 데 큰 도움이 되었다. 부지런히 발품을 팔고 다니며 얻은 정보와 책을 통하여 앞서가는 정보를 통해 다음 해의 트렌드를 미리 알 수 있었고, 영업의 방향을 잡게 하였다.

빅 데이터가 영업하는 데 큰 도움이 되었다. 예전에는 사람을 만나야 알 수 있었던 정보를 인터넷을 통하여 알 수 있어 시간도 절약할 수 있었고, 메일로 주고받으며 선약이 가능하니 방문 계획을 세울 수 있었다. 즉 효율적으로 시간 활용이 가능하였다. 업체에 직접 방문하여 세부적인 사항을 확인하였더니 방문 계획했던 500개 업체에서 250개 업체로, 250개 업체는 120여 업체로, 그리고 또 반으로 줄어들어 최종은 30개 업체만 남아 집중적으로 접촉하였다. 의료기, LED, CCTV, 소방기기, 생활용품 등 다양한 업체들이 등록되었고 매출로 이어졌다.

급변하는 시대에 용어조차 생소한 단어가 많았다. 신조어도 많이 나오고 트렌드도 빠르게 변하고 있었다. 트렌드도 여러 종류가 있었다. 소비 트렌드, 마케팅 트렌드, 머니 트렌드, 패션 트렌드 등. 트렌드를 다 따라갈 수는 없지만, 트렌드를 미리 알면 미래를 준비하는 데 도움이 되었다. 관심을 갖고 트렌드에 관련된 책을 보며 공부하였더니 안목도 넓어지고 신문을 읽을

때 생소한 단어들이 나와도 자연스럽게 알게 되었다. 꼭 트렌드 책이 아니어도 인터넷 또는 신문 등으로 트렌드 정보를 알면 미래를 계획하는 데 큰 도움이 될 것이다.

100세 시대, 이렇게 준비하라

"될 수 있으면 젊어서가 좋고, 그렇지 않으면 중년 넘어서라도 꿈을 갖는 것이 좋다. 내게 뚜렷한 목표와 희망이 있어야 한다."

― 김형석 교수의 《100세 철학자의 행복론 2》 본문 중에서

매일 보는 수첩, 맨 첫 장에 '목표를 이루기 위해 10년 노력하고 투자해라. 그러면 분명 10년 안에 무언가 승부가 나지 않을까?'라고 적어놓았다. 수첩을 볼 때마다 한 번씩 소리 내어 읽었다. 눈과 머리는 매일 꿈을 향해 달려가고 있었다. 한해가 넘어갈 때마다 새로운 수첩에 10년째 옮겨 적었다. 5년, 10년 단위로 인생 계획을 세우고 미래를 준비하였다. 수첩에 써놓은 대로, 6년 동안 책을 읽으며 경영 공부를 하였더니 맡은 업무들이 고도화되었다. 이어 4년도 공부와 독서로 미래에 하고 싶은 일을 할 수 있도록 준비하였다. 틈틈이 읽은 다양한 책들은 내가 하고 싶었던 일을 하도록 도와주었다. 그것이 바로 책 쓰기이다. 은퇴 후 제일 먼저 하고 싶은 일이

었다. 책을 읽고 조금씩 메모하며 기록을 남긴 결과, 은퇴 전 나의 꿈이 꿈같이 이루어지고 있다. 100세 시대를 맞이하여 이렇게 꾸준히 노력한 결과, 세컨드라이프를 준비하게 된 것이다. 지금은 시니어 평생학습시대다. 시니어 평생학습시대에 공부와 독서로 시니어를 교육하는 일을 준비하고 있다. 지금은 100세 시대, 세컨드라이프 삶에 관련한 두 번째 책을쓸 계획이다.

현직에 있는 동안 일에만 열중하였고, 일을 잘하기 위해 공부와 독서를 꾸준히 하였다. 건강을 위해 출·퇴근으로 1일 5천 보 이상 걸었고, 주말에는 지인들과 등산을 통해 평소 부족한 운동을 채웠다. 매일 꾸준하게 걷기를 하였더니 건강한 체질로 변하였다.

대한민국 대표 철학자 104세 김형석 교수는 "나는 100세가 넘었어도 외롭지 않다."라고 하였다. 외롭지 않은 원동력은 열정을 갖고 누구보다 일을사랑하여 일을 많이 하는 것이었다. 일은 인간의 본분으로, 인생의 가치를높이며 풍요로운 삶을 영위할 수 있도록 돕는 축복받는 행위라고 생각한다. 30세까지는 성장하기 위해 스스로 노력하는 단계이고, 65세까지는 직장에서 일하는 단계이며, 90세까지는 사회를 위해 일하는 단계라고 한다. 60세를 노년기의 출발이라고 생각하는 사람이 있지만, 80세까지는 정신적으로늙었다는 생각을 하지 않았다. 이렇게 장년기가 길어졌다는 것은 지금이 일할 수 있는 세상이라는 뜻이라고 하였다.

은퇴 후 꿈이 있고, 제2의 인생을 위한 뚜렷한 계획이 있다면 60세가 넘어서도 공부해야 하며, 일을 계속할 수 있도록 노후를 준비해야 한다. 꾸준히 공부하며 일하는 사람은 성장을 멈추지 않으며 늙지도 않는다. 그러면 무슨 공부부터 시작해야 할까? 공부 중의 최고의 효과를 내는 공부는 독서이다. 지금부터 독서를 하기 시작한다면 은퇴 후의 삶은 도전의 삶이며 기대되는 삶이 펼쳐질 것이다.

　불과 30년 전만 하여도 100세 시대는 꿈꾸지도 못했었다. 지금 평균 수명이 81.2세로, 다가올 평균 100세 시대를 위하여 준비하며 살아가야 한다. 의학이 발달함에 따라 급격하게 시대 변화가 이루어져 120세까지 살수도 있다고 한다. 수명이 길어져 좋은 것만은 아니므로, 긴 인생을 어떻게 살아가야 할지 고민해 보아야 한다. 누구나 은퇴 후 남은 인생을 뒤돌아보며 하고 싶었던 일과 그동안 하지 못했던 일, 그리고 취미 생활과 여행 등여유 있는 삶을 원한다.

　그러나 은퇴 후 약 40년이라는 기간을 무의미하게 보낼 수도 있으므로다시 일을 시작하는 시기이기도 하다. 은퇴 후의 삶의 기간이 누구나 40년이라고 할 수는 없다. 이 기간에 어떻게 살아야 할까? 사람들은 60세가 되면 일을 마무리하고, 노후를 맞이해야겠다고 정신·육체적으로 인식되어있다. 정신적으로는 먼 미래 꿈을 꾸기도 하지만, 육체적으로는 따라가기힘들 수도 있다. 육체적으로도 함께 갈 수 있도록 건강에 신경 써야 한다. 직장 일이 바빠 수영이나 등산할 특별한 시간을 낼 수 없다면, 평소에 꾸준한 걷기로 건강을 유지해야 한다. 걷기가 좋다는 것은 '2020년 자마 뉴롤로지(JAMA Neurology, 미국의학협회)'가 발행한 〈신경학 분야의 의학〉 잡지에 실린 연구 결과가 잘 말해 주고 있다. 10년 동안 사람들을 추적 관찰한 빅 데이터이다. 하루 8천 보를 걸으면 10년 후 사망률을 50% 줄일 수 있었고, 하루 1만 2천 보를 걸으면 10년 후 사망률을 65% 줄일 수 있어, 건강을 유지할 수 있다고 한다. 건강해야 하고 싶은 일을 할 수 있다.

우리나라도 고령화 사회가 왔다. 요즘 100세는 흔히 볼 수 있다. 1960년대만 해도 우리나라는 세계에서 가장 가난한 나라 중 하나였다. 그 이후 수출 입국 덕분에 중진국으로 도약할 수 있었고, 2000년대 불어 닥친 정보화 시대에 발맞추어 산업을 재편성한 덕분에 IT 강국이자 문화강대국이 된 것이다. 세계화와 정보화를 통해 경제가 발전했고, 이어 고령화 사회가 온 것이다. 은퇴 후 삶이 선물이었는데, 지금은 기나긴 노후를 두려워하며 지내야 하는 시대가 된 것이다. 100시대, 은퇴 후 삶을 고민만 할 게 아니라, 은퇴 이후가 내 삶에 찾아온 새로운 도전의 시기이자 기회라고 생각하고 행복한 노후를 위해 세컨드라이프를 준비한다면 희망차게 새로운 삶을 살아갈 수 있게 될 것이다.

요즈음 들어 100세 시대의 삶에 관해 언급하고 있는 것이지, 10년 전만하여도 지금처럼 은퇴 후의 삶이 두려울 정도는 아니었다. 수명이 점점 길어지고 있어 은퇴 후의 삶이 평생직장 생활 기간보다 더 길게 느껴질 수도 있다. 급격하게 변화하는 시대에 맞춰 100세 시대를 준비해야 한다. 계획을 세워 준비하여야 행복한 삶, 가치 있는 삶을 살 수 있게 된다. 필자는 은퇴를 앞둔 지금까지 꾸준한 독서와 공부를 하였다. 그리고 틈나는 대로 운동했는데, 이 모든 것들은 세컨드라이프를 위한 준비였다.

100세 시대, 세컨드라이프를 위한 준비를 어떻게 해야 후회하지 않는 삶을 될까?

먼저 자신이 무엇을 하며 살고 싶은지를 생각해보아야 한다. 하고 싶은 일이 무엇일까? 좋아하는 일은 무엇일까? 할 수 있는 일은 무엇일까? 나이가 들어도 일이 있어야 몸과 마음이 건강할 수 있다.

그동안 생각만 하고 있었던 은퇴 후 세컨드라이프가 곧 현실로 다가오고 있다. 필자는 직장에서 40년 동안 했던 경영일의 연장선으로 시너지 효과를 낼 수 있는 일과 하고 싶었던 일에 그동안 많은 관심을 가졌다. 그것은, 즉 책 쓰기와 시니어 교육을 하고자 10년을 공부와 독서 계획을 세워 꾸준히 노력하였다. 어떤 어려움이 있는 상황에서도 포기하지 않았다.

무엇을 해야 할지 정하지 못해 고민이 된다면, 하고 싶은 일, 잘할 수 있는 일들을 노트에 적어보라. 그리고 우선순위를 정하여 하나씩 시작해 보기 바란다. 그러면 어느 접점에서 목표한 대로 자신의 꿈이 이루어질 것이다.

기시미 이치로의 책《아무것도 하지 않으면 아무것도 일어나지 않는다》에 이런 말이 있다.

"아무것도 하지 않으면, 아무 일도 일어나지 않는다. 아무리 쉬운 일이라도 하지 않으면, 이루지 못하는 것이다."

시작하지 않으면 아무것도 얻을 수 없다. 거창하게 생각하지 말고 좋아하는 일부터 목표를 세워 시작하길 바란다. 그리고 한 가지씩 실천하기 위해 꾸준히 노력하길 바란다. 목표를 향해 한 걸음씩 나아가다 보면 어느덧 꿈이 이루어지고, 세컨드라이프는 날마다 행복할 것이다. "삶은 쓰는 대로 이루어진다."라고 하였다. 이루고 싶은 간절함이 있어 기록해 놓기 때문에, 그 간절함에 비례해 쓰는 대로 이루어질 수밖에 없다. 이루고 싶은 것들을 지금 써 보길 바란다. 그리고 이루어지는 기적의 순간도 상상해보길 바란다. 자신이 쓰고 상상한 대로 꿈은 이루어진다.

책 쓰기 토대가 된 메모 노트

"배운 것을 기록해 놓지 않으면 지식은 있을 수 없다."

— 단테 알리기에리(Dante Alighieri)

일기를 써서 자신의 삶이 역사가 된 위인들이 많다. 전기를 발명하여 인류 문명에 빛을 안겨다 준 발명왕 에디슨이다. 소년 시절부터 말년에 이르기까지 매일 일기를 써서 5천 페이지에 달하는 일기를 남겼다고 한다. 에디슨의 유명한 말 "천재는 1%의 영감과 99%의 노력의 산물이다."에서, 99% 안에는 메모도 포함된다고 말할 수 있겠다. 우리나라에도 일기 쓰기의 거장 이순신 장군의 《난중일기》는 역사서로서의 가치뿐만 아니라, 한 개인의 삶이 고스란히 담겨있어, 공적인 일을 기록하는 업무일지이자 사적인 일과 자기 생각과 느낌을 기록한 일기이다. 이처럼 기록의 힘은 위대하다.

필자 역시 40년 동안 일하며 메모한 노트 30권과 수첩 30개 분량이 나를 성공하게 했고, 지금 책을 쓰는 토대가 되고 있다. 그동안 매일매일 일기 쓰기로 내 꿈을 키워나갔고, 꿈을 이뤘다. 어린 시절부터 노트와 연필을 유난히 좋아했다. 어른이 된 지금도 나에게 최고의 선물은 필기도구이다. 서점에 갈 때 꼭 들리는 곳이 바로 문구점으로, 몇 권씩 구매한 노트를 책꽂이에 꽂아 놓고 보면 백만장자 부럽지 않은 흐뭇한 마음이 든다. 그 예쁜 노트만 보아도 좋은 글을 쓰고 싶은 생각이 든다.

　오늘날 PC가 발달하면서 수기로 작성하는 자료는 거의 없어지고 있다. 그래서 지금은 손편지가 귀한 시대이다. 가끔 손편지를 쓸 때면 옛 추억이 떠오르고, 편지를 쓰면서 설레던 생각이 난다. 선물할 때 정성이 듬뿍 담긴 손편지도 함께 넣으면 선물의 가치는 배가 되는 것 같아 내 마음도 뿌듯하였다. 매월 업무계획을 PC에서 작성하지만, 일일 업무일지는 수기로 작성하여 당일의 업무 마무리와 다음 날의 업무를 확인한다.

　학창시절의 일기 쓰기는 숙제였다. 숙제로 내주니 의무감에서 쓴 것이다. 이렇게 쓰던 일기 쓰기가 습관이 되어 성인이 되어도 계속 일기를 쓰게 되었다. 일기는 하루 일상을 표현하며 고민을 털어놓기도 하였고, 일기를 쓰면서 고민의 답을 찾기도 하였다. 나만 보는 일기장에 무슨 이야기든 솔직하게 적을 수 있었다. 지속적으로 일기를 쓰니 내 인생의 기록물이 되어 그동안 어떻게 살아왔는지를 알 수 있었다. 일기를 쓰면서 힘들 때는 위로도 받았고, 미래를 어떻게 살 것인가 상상하면서 계획도 세웠다. 때론 나의 신념을 흔들리지 않게 잡아도 주었다. 일기 쓰기는 나를 성장하게 하였고, 기록의 힘으로 기적을 일으킨 적도 있었다. 매일매일 일기를 쓰니 나에게 찾아오는 기회를 놓치지 않게 하였고, 책 쓰기의 토대가 되었다.

다산 정약용 선생은 이런 말을 하였다.

"동트기 전에 일어나라. 기록하기를 좋아하라. 쉬지 말고 기록하라. 생각이 떠오르면 수시로 기록하라. 기억은 흐려지고 생각은 사라진다. 머리를 믿지 말고 손을 믿어라."

일기 쓰기 습관화로 기록은 더욱 강한 빛을 발하게 되었다. 강의를 듣거나 교육을 받을 때도 노트에 무조건 기록하였다. 이렇게 기록하여 남긴 것들이 나의 재산이 되었다. 메모하는 힘이 가치 있는 사람으로 만들 수 있다는 것을 직원들에게 전파하고 싶어 열심히도 적었다. 뭔가 체계적으로 교육하려고 《메모의 기술》이라는 책도 읽었다. 책 내용 중에 이런 말이 있었다.

"남들보다 앞서 나가는 사람은 머리가 좋은 사람이 아니라 메모를 잘하는 사람이다."

메모의 중요성을 강조한 내용이다.

다음은 직원들을 위해 《메모의 기술》에서 정리하여 교육한 내용 중 일부이다.

메모는 왜 해야 하는가? 자신을 관리하기 위해 하는 것이다. 자신의 능력을 향상시키고 실적을 높이기도 한다. 새로운 일을 기획하게 하며, 일의 효율성을 가져오기도 한다. 그리하여 메모는 습관처럼 하는 게 좋고, 순서를 정하여 작성하는 게 좋다. 언제든지 메모할 수 있도록 필기도구를 상황에 맞게 준비하는 것도 좋다. 혹시 상황에 맞는 필기도구를 준비하지 못했다면, 하나의 수첩에 메모하고 항목별로 분리하는 게 좋다.

메모의 방법은 7가지가 있다. 언제 어디서든 메모한다. 주위 사람들을 관찰하며 메모하면 더 나은 방법을 터득할 수 있다. 기호와 암호를 활용하면 좋다. 빠른 시간에 메모해야 하므로 자신만의 기호와 암호 사용은 효율적이다. 중요한 사항은 한눈에 띄게 한다. 그때그때 메모하기도 하지만, 메모하는 시간을 따로 마련하면 좋다. 혼자 조용한 곳에서 메모하여 정리해 놓으면 필요할 때 찾아 활용하기 쉽다. 메모를 데이터베이스로 구축하라. 메모를 모아 한 권의 책으로도 만들 수 있다. 메모를 재활용하라. 메모만 해 놓고 활용하지 않으면 무용지물이 되니 날짜별, 주제별로 정리해 놓고, 효과적으로 재활용하라.

자기관리를 위한 메모 습관을 들여야 한다. 메모라고 해서 꼭 눈앞에서 일어나는 일들만 적는 것이 아니라, 생각난 것이나 미래에 대해 상상한 것을 메모하는 것도 좋다. 아이디어가 떠오르면 즉시 메모하는 습관을 길러야 한다. 업무 일정표를 매일 기록하면서 일정표대로 실천했는지 확인한다. 그

날의 특별한 신문기사를 적는 것도 좋고, 운동하면서 떠오르는 생각이나 일상적인 내용도 좋다. 꿈속에서 영감을 얻을 때도 메모한다. 메모하지 않으면 완전히 잊어버리거나 생각난다 해도 내용이 희미해진다. 자신을 돌아보며 메모하고, 하고 싶은 일들을 하나하나 메모해둔다. 메모해놓으면 꿈이 이루어지는 것을 확인하는 경우가 많다. 이런 메모의 힘과 효과에 대한 교육으로, 직원들이 메모하는 것을 습관화하여 회사와 개인 발전에 도움이 되길 바라는 마음이었다.

책 쓰기는 은퇴 후의 나의 꿈이었다. 메모한 자료는 많지만 정리되지 않아 자료를 정리할 시간도 필요하였고, 필요한 책도 더 읽고 준비하여 책을 쓰려고 하였다. 그러나 은퇴 전 이렇게 책 쓰기를 하게 되었고, 정리되지 않은 메모 노트일지라도 책 쓰기에 강력한 무기가 될 줄 몰랐다. 오늘부터 기록의 힘을 믿어라. 성장하고 싶다면 기록하고, 꿈을 이루고 싶다면 기록하라. 기록이 쌓이면 아이디어가 되고, 책 쓰기의 자료가 된다. 미래가 불안하다면 오늘부터 경험을 기록하라. 기록하면 인생의 방향이 보이게 될 것이다.

문득문득 떠오르는 생각들이 많다. 특히 잠자기 전과 아침에 눈을 뜰 때면 아이디어가 번뜩 떠올랐다. 또한 드라이브할 때도 번뜩이는 아이디어가 스치고 지나가기도 한다. 적을 수 없는 상황에는 어쩔 수 없지만, 순간순간을 놓치지 말아야 한다. 그 번뜩이는 아이디어가 나의 미래를 성장시킬 수 있기 때문이다. 순간을 놓치지 않기 위해 핸드폰 메모장을 활용해도 좋고, 아니면 메모를 바로 할 수 있도록 필기도구를 가까운 곳에 놓아두어도 좋다. 천재는 기록에서 탄생하였다고 한다.

F. 베이컨은 "느닷없이 떠오르는 생각이 가장 귀중한 것이며, 보관해야 할 가치가 있는 것이다."라고 말했다.

기록은 인류 역사를 일궈온 가장 중요한 기제다. 나를 빛나게 하고 지식으로 남게 한다. 메모하는 습관을 지금부터라도 시작해 보기 바란다. 성장하고 싶다면 기록하길 바란다. 앞에서 말한 것처럼 기록의 힘은 위대하다.

다음은 중요한 일들이나 스치는 아이디어를 놓치지 않기 위해 그동안 메모해놓은 수첩들이다. 필자가 성공하도록 도움을 준 기록물들이다.

06

은퇴 후, 어떤 사람으로 기억되고 싶은가?

"성공한 사람이 아니라 가치 있는 사람이 되기 위해 힘쓰라."

— 알버트 아인슈타인(Albert Einstein)

"당신 덕분에 행복해하는 사람이 있습니다. 당신 덕분에 살맛 난다고 하는 사람이 있습니다. 당신은 그런 고귀한 존재입니다."

나는 이런 사람이 되고 싶고, 이런 사람으로 기억되고 싶다.

회사에서 성공했다고 한 사람들도 은퇴하여 사회로 나오면 스스로 할 수 있는 게 아무것도 없다고 한다. 특히 임원으로 근무하다가 은퇴하게 되면 스스로 할 수 있는 게 더욱 없다고 하는 말을 여러 매체를 통하여 알고 있다. 비서나 직원에게 지시 업무를 주로 하다 보니 회사 내에서는 불편함이 없었겠지만, 회사에서 나오면 잡무나 SNS 등 모든 것들을 자신이 해야 하므로 불편함을 많이 느끼게 된다는 것이다. 또한 마음으로는 임원의 직급에서 빠져나오지를 못하며 어려움을 겪는다는 것이다. 임원이었던 것이 아무런 가치가 없는 사람으로 느껴진다고도 했다. 기업에서 임원이 된다는 것은 군대에서는 별을 다는 것과 마찬가지로 대단한 직책이지만, 현실은 그렇지가 않다. 회사가 어려워지면 임원이 구조조정 대상 1호가 되기 때문이다. 그러다 보니 명예퇴직하게 된다. 현재 임원으로 있다 보니 공감하는 얘기로 필자도 예외가 아니다.

알바로 시작하여 부사장이 되기까지 40년이라는 시간이 걸렸다. 되돌아보면, 승진할 때마다 승진의 기쁨보다는 직책에 대한 부담감과 부족한 것들만 생각나 소심해지기까지 하였었다. 승진을 원했던 것이 아니라 맡은 일에 최선을 다했을 뿐인데, 능력을 인정받아 내 의지와 상관없이 승진하게 된 것이다. 과장이나 차장으로 승진했을 때는 실무가 많았고, 부족한 것은 시간을 늘려 해결하면 되는 일이 많았다. 그런데 그 이상 직책부터는 혼자만 잘해서 되는 게 아니었다. 실무를 잘해야 하는 것은 물론이었고 부서 간 협력과 소통을 해야 해결되는 일들이 많았다. 더욱 중요한 것은 '인간관계'였다. 혼자서 일을 잘하면 하나의 결과를 가져오지만, 여러 사람이 협력한 시너지는 몇 배로 늘어났다. 부장이 되었을 때부터 '함께'라는 단어를 생각하며 일을 추진하였는데, 인간관계가 가장 중요하다고 생각하게 되었다. 인간관계가 기본이 되어야 소통이 되며, 하고자 하는 일을 함께 협력해야 수월하게 일을 처리할 수 있다고 생각하였다. 경영자의 꿈이 있었기에 지위에 맞는 경영인이 되기 위해 노력하였다.

2006년 해외 지사 출장을 위해 공항으로 향했다. 해외 지사에도 해야 할 일들이 많아 자주 출장을 다니게 되었다. 국내 사업장도 일이 많아서 해외 출장을 다녀오면 늘 시간에 쫓기며 출장을 다녔다. 핑계일지 모르지만, 책을 읽을 시간이 부족하였다. 장시간 비행을 해야 하므로, 기내에서 책을 보려고 읽고 싶은 책을 가지고 갔다. 그 책이 바로 데일 카네기(Dale Carne-gie)의 《데일 카네기 인간관계론》이다. 이 책 내용을 접하는 순간 뇌가 움직이기 시작했다. 인간관계에 관해 머릿속에서 많은 생각을 하게 만들었고, 실마리를 풀어가게 하였다. 출장을 마치고 돌아와 중요한 부분을 다시 읽었다. 그리고 노트에 적기 시작하였다. 이미 알고 있었던 것은 실행에 옮겼고, 책을 통해 알게 된 것도 하나씩 실행해 나갔다. 내 마음을 움직이게 한 것들을 스스로 하나씩 체험해보며 교육하였다. 《데일 카네기 인간관계론》을 비롯하여 수많은 저서와 데일 카네기 코스 교육은 유명하다. 《데일 카네기 인간관계론》 제1부의 내용이 가장 마음에 와닿아, 직원들 교육을 위해 여러 번을 읽었다. 결코 쉬운 교육이 아니었지만, 교육으로 인해 직원들의 마인드 변화가 있도록 최선을 다했다.

첫 번째, 비난이나 비평, 불평하지 말라.

남을 비난하거나 비판하지 말고 불평도 하지 말라. 세상에서 가장 어려운 일은 자신을 바꾸는 것이며 자신과 싸우는 사람이 가치 있는 사람이다.

두 번째, 솔직하고 진지하게 칭찬하라.

부하직원들에게 열의를 불러일으키는 능력이 내가 가진 최고의 자산이다. 사람이 가지고 있는 최고의 능력을 끌어내는 방법은 인정과 격려가 가장 좋은 보약이다. 상사의 비판만큼 야망을 죽이는 것은 없다. 다른 사람을 솔직하게 진심으로 인정하고 칭찬하면 사람들은 당신의 말을 소중하게 받아들이고, 평생 그 말을 반복하게 된다.

세 번째, 다른 사람들의 열렬한 욕구를 불러일으켜라.

세상에서 유일하게 다른 사람에게 영향을 미치게 하는 방법은 다른 사람이 원하는 것을 이야기하고, 어떻게 하면 그것을 얻을 수 있을지를 자신이 느낄 수 있도록 보여주면 된다.

지속적인 교육에 직원들이 변화하기 시작하였다. 직원들과 함께 성장하기 시작하고 가치 있는 사람이 되기 위해 자신과의 싸움에 게을리하지 않았다. 지위에 맞는 경영인이 되기 위해 지속적으로 책을 읽고 공부하여 임원자리를 당당하게 지켜낼 수 있었다. 임원이 임시직이고 구조조정 대상 1순위이더라도 개의치 않았다.

데일 카네기의 다음 말을 늘 간직하고 최선을 다해 일에 전념했다.

"언뜻 보기에 보잘것없는 일일지라도 전력을 다해야 할 것이다. 일은 정복할 때마다 실력이 붙는다. 작은 일을 훌륭히 해내면 큰일은 자연히 결말이 난다."

지금 하는 일에 전력을 다하여 일을 정복할 때 실력도 늘고 또 다른 가치가 생긴다. 가치는 내가 만드는 것이다. 살아가면서 현재만 생각하지 말고, 미래에 어떤 것을 할 수 있고 어떤 가치가 있는지를 고민해야 한다. 사람의 가치는 그가 다른 사람으로부터 어떤 것을 받을 수 있느냐가 아니라, 어떤 것을 줄 수 있느냐에 달렸다.

무엇을 줄 수 있을까? 시골에 계시는, 100세가 넘으신 우리 어머니는 타인의 도움 없이 살아가시는 것만으로도 대단한데, 무언가를 늘 주시려고 고민하며 준비하신다. 어느 부모든지 자식에게 조건 없는 사랑을 베풀며 무엇을 주어도 아깝지 않을 것이다. 그러나 100세가 넘으신 우리 어머니는 7남매가 다녀갈 때마다 정성이 담긴 것들을 이것저것 준비하여 주신다. 부지런히 가꾼 곡식을 비롯하여 손수 만드신 음식들이다. 어머니를 뵙고 올라올 때면 마음이 흐뭇하여 행복하기도 하지만, 죄송한 마음이 든다. '저는 어머니 덕분에 행복한 사람입니다.'라고 혼자 속으로 말하며, 자주 찾아뵙겠다고 다짐한다. 어머니가 노력하시며 준비하는 것들은 우리가 미래를 위해 가치를 만들려고 노력하는 것과 다를 바가 없다.

회사에서 성공했다고 인생 성공이라고 말할 수는 없다. 은퇴 후 하나씩 스스로 가치를 만들어가면, 가치 있는 삶이 되며 성공하는 인생으로 살아갈 수 있다. 그만큼 가치를 지닌 사람은 주변 사람들을 행복하게 하고, 살맛 나게 만드는 사람이다. 사회에서 나눔을 실천하며, 가치 있는 사람으로 기억되고 싶다.

누군가의 멘토가 되어라

"나는 멘토로부터 좋은 자극과 에너지를 받아 더 크게 성장합니다."

– 오프라 윈프리(Oprah Gail Winfrey)

멘토란 무엇일까? 경험과 지식을 바탕으로 다른 사람을 지도하고 조언해주는 사람이다. 일반적으로 현재 자신과 일하는 분야가 같거나 자신이 하고 싶은 분야에서 일하는 사람을 멘토로 찾게 된다. 멘토는 전문가로서 멘티가 성장하고 발전할 수 있도록 자신의 지식뿐만 아니라 그의 인생을 통해 겪었던 다양한 경험을 바탕으로 조언해주며 돕는 사람이다. 또한 멘티 스스로 문제를 해결하고 앞으로 나아갈 수 있도록 방향을 제시해주는 역할을 하기도 한다.

누군가의 멘토가 된다는 것은 그리 쉽지가 않다. 지식이 많다고, 학벌이 높다고 멘토가 되는 것은 아니다. 멘토 자신이 멘토로서 갖추어야 할 지식과 경험, 삶의 깨달음 등이 있어야 누군가의 멘토로서 역할을 하게 될 것이다. 사람들은 간절히 닮고 싶어 하거나 마음속으로 정말 멋있다고 느끼게 하는 사람 또는 마음을 움직이는 사람을 멘토로 삼는 경우가 많다. 삶과 일 그리고 사명과 철학이 일치하는 분이라면 참으로 닮고 싶은 분일 것이다. 대부분 어릴 때는 부모님이 멘토가 되는 경우가 많다. 그러나 청년 시절부터는 부모님 굴레를 벗어나 다른 사람을 멘토로 두면서 멘토가 있고 없음에 따라 인생이 많이 달라진다.

어려서부터 내 곁에는 훌륭한 멘토가 늘 있었다. 최초의 멘토인 어머니를 비롯하여 학창시절에는 선생님, 사회에 나와서는 대표님 그리고 주위에 지인분 등이 바른길로 걸어가도록 멘토가 되어주셨다. 이제 제2의 인생 갈림길에서 또 한 분의 멘토를 만났다. 바로 내 인생을 리셋할 수 있도록 작가의 길을 걷게 한 국어교사를 역임했던 작가님을 만난 것이다. 이분을 통해 나의 미래를 위한 꿈을 꾸게 되었고, 스스로 책 쓰기를 할 수 있게 되었다. 책 쓰기는 제2의 인생을 시작하는 티핑 포인트(Tipping Point)가 되었다.

필자의 삶을 되돌아보니 그동안 이루고자 하는 목표가 있으면 최선을 다해 열심히 노력하였다. 이렇게 했는데도 목표에 도달하지 못하면, 방법이 잘못되었는지 노력이 부족하였는지를 점검하며 멘토를 찾아가 조언을 구했다. 멘토는 내가 간절히 원하지 않으면 절대 다가오지 않았다. 최선을 다해 노력하는 모습을 보고 멘토가 되어 주셨다. 멘토의 가르침에 따라 노력한 결과 경영자로 성장하였다. 나에게 멘토는 내 인생 최고의 선물이다.

　이젠 경영자가 되어 직장에서 경험과 지식을 바탕으로 동료와 직원들 그리고 지인들에게 멘토 역할을 하고 있다. 동료가 꿈을 이룰 수 있도록 격려하고 도움을 주어 성장하게 하고 있으며, 직원에게 어려운 일이 생기면 면담하면서 일이 속히 해결될 수 있도록 도왔다. 멘토를 해보니, 경청이 멘토 역할의 반을 차지하였다. 경청으로 인하여 소통이 되었고, 소통으로 어떤 도움을 주어야 할지를 알게 되었다. 그 무엇보다도 멘티의 고민에 공감하며 잘 들어주는 것만으로도 멘티에게 힘이 되어주고 도움이 되는 것이었다.

　직장생활에서 가장 많이 일어나는 문제는 조직 갈등으로, 상사와의 갈등이 가장 많았다. 그다음은 미래에 대한 불안감과 업무 가중 그리고 해결하기 어려운 일들로 인해 직원들이 스트레스를 많이 받는 것이었다. 가끔은 가정 문제인 자녀의 진로문제도 있었다. 경영자로서 멘토의 역할이 곧 상담자의 역할이었다. 멘티가 고민하는 문제에 대해 나의 경험을 솔직하게 이야기 해주니 스스로 하나씩 풀어나갔다.

　부패한 조직일수록 조직 갈등이 많이 일어나고 견해 차이로 상사와 갈등 문제가 일어난다. 조직 갈등은 워크숍 등을 통해 주제를 정해놓고 토론하여 해결점을 찾았다. 하지만 그렇지 못할 경우는 부서의 연결을 통해 소통하며 문제를 해결하여 조직의 갈등을 완화될 수 있도록 하였다. 젊은 세대일수록 미래에 대한 불안감이 심했다. 이직을 고려하기도 하고, 직장 내에서 직종을 바꾸려고도 하였다. 멘토에게 오기까지 이직이나 직종 변경을 하기 위해 많은 고민을 하였을 것이고, 자신의 인생에서 큰 결정을 해야 하는 시점에서 혼자 결정하기 어려웠기에 멘토를 찾는 경우가 많았다. 더 나은 직장으로 이직하기 위해서는 준비하는 과정이 필요하다. 직종까지 변경하여 이직하려면 확고한 신념을 갖고 관련된 분야를 명확하게 선택하여 확신이 섰을 때 준비할 수 있도록 도왔다.

업무 가중에 대한 스트레스는 어느 조직이나 흔히 있는 일이다. 사람에 따라서 업무가 많아진다는 것은 그만큼 능력을 인정받았다는 것인데, 이런 업무 가중에 관한 고민을 직원들이 많이 하고 있어 상담해주었다. 이 외에도, 직급에 맞는 업무 고도화로 자신이 일을 처리하지 못하면 교육을 받도록 안내하는 등 다양한 멘토 역할을 하였다. 직원들의 고민에 맞춰 조언을 해주었을 뿐인데, 본인들이 스스로 방향을 정하여 일을 추진해나가기도 했다. 이렇게 직원들이 성장하는 모습을 지켜보면서 경영인으로서 그리고 멘토로서 나 또한 성장해갔고 큰 보람도 느꼈다.

이야기를 들어 주는 것만으로도 누군가에게는 인생의 터닝 포인트가 되기도 한다. 인생의 갈림길에서 중대한 일을 결정해야 할 때, 지인 또는 함께 근무하는 상사에게 조언을 구하려고 할 것이다. 그러면 귀 기울여 들어주길 바란다. 멘티는 고민을 얘기하면서 스스로 답을 찾는 경우가 있다. 물론 멘토를 만나려면 열심히 노력해야 한다. 자기 분야에서 최선을 다해 노력하다 보면 재능이 발견되고, 발견한 재능을 살리기 위해 그다음은 어느 길로 가야 하는지 인생의 갈림길에 섰을 때 멘토의 도움이 필요하다. 이럴 때 멘토를 스스로 찾아야 한다. 찾고 찾으면 좋은 멘토를 만날 수 있다.

필자는 경영인으로서 직원들에게 자신감을 심어주고 목표 설정을 하게 하였다. 목표에 맞는 지침을 제공하고 직원들이 성장할 수 있도록 도와주며, 목표를 하나씩 이루어갈 때는 격려를 아끼지 않았다. 직원들에게 교육하려고 관련된 책을 읽고 교육자료를 만드는 과정에서 나도 많이 배웠다. 그리고 실제 가르치면서 가르침을 받는 것보다 가르칠 때 훨씬 더 많이 배운다는 사실을 알았다. 이렇게 멘토 역할을 위한 노력을 끊임없이 하였다.

이러한 노력은 리더십을 갖게 하였고, 대인관계를 더욱 폭넓게 하여 인적 네트워크가 확장되었다. 이렇게 많은 인맥을 얻게 되면서 나의 지식과 경험을 주변 사람들에게 공유하기 시작했다. 이런 나의 삶이 더욱 배움의 기회를 만들도록 하였고, 자신감을 키울 수 있는 새로운 계기가 되었다. 사람들을 만날 때마다 신뢰도 쌓게 되었다. 그뿐만 아니라, 성취감은 자동으로 함께 따라 왔고, 인생의 최고 목표인 행복도 느끼게 되었다. 트라이언 에드워즈가 "어떤 것을 완전히 알려거든 그것을 다른 이에게 가르쳐라."라고 했듯이, 내가 가르치면서 많은 것을 배우게 되었다.

배우는 사람보다 가르치는 사람이 두 배로 많이 배운다는 것을 실제 가르치면서 경험했다. 누구를 가르치고 멘토 역할을 하려면 그만큼 풍부한 지식과 경험이 필요하므로, 가르치기 위해 스스로 노력하게 된다.

인생의 고민을 들어주고 의지할 수 있는 사람을 만난다는 건 큰 행운이다. 아픔을 겪으며 인내의 과정을 거치고 나면, 나도 누군가에게 도움을 줄 수 있는 사람으로 성장하게 된다. 도움을 받을 수 있는 멘토를 두는 것도 기쁜 일이지만, 누군가의 꿈이 되고 인정받는 존재로서 멘토가 되는 것은 더욱 기쁘며 의미 있는 일이다. 앞으로도 누군가의 멘토가 되기 위해 배움을 게을리하지 않으려 한다. 직원들의 고민을 들어주고 해결할 수 있도록 도움을 준 내가 직원들보다 더 성장했다는 생각이다. 즉 가장 많은 성장이 있었던 사람은 바로 멘토인 나 자신이었다. 나의 삶과 나의 글이 누군가에게 멘토 역할을 하길 간절히 바란다.

꿈이 간절하면 이루어진다

인생의 중반쯤 되면 '내가 잘살고 있는 것인가?'라고 누구나 한 번쯤은 생각하게 될 것이다. 그동안 직장인으로서 업무에 매진하며 앞만 보고 달려오다 보니 나 자신을 위해 하고 싶었던 일들은 뒤로 한 채, 급급하게 앞만 보며 살아왔다. 어린 시절, 교사가 꿈이었지만 가정형편이 어려워 취업해야 했고, 취업하여 열심히 일하다 보니 계속 승진하여 경영자가 되었다. 경영자로서 회사를 경영하면서 경영에 관한 책을 많이 읽게 되었다. 독서를 통하여 경영을 배웠고, 경영을 통하여 인생을 배웠다.

30년이 지나 50대에 접어들어 꿈을 이루고 싶은 마음이 더욱 간절해졌다. 그러나 현실은 오로지 경영에 매진해야 하므로, 꿈을 이루기 위해 공부만 할 수 없었다. 그래서 일과 경영 공부를 병행하며 10년 동안 미래를 위한 준비를 꾸준히 하면서 나의 꿈을 더욱 키워나갔다. 마침내 40년 만에 미뤄뒀던 나의 꿈이 하나씩 이루어지고 있다. 은퇴 후 가장 먼저 하고 싶었던 책 쓰기 꿈이 이루어졌고, 교사가 되어 가르치고자 한 꿈이 바로 눈앞에 있다. 꿈이 간절하면 이루어진다.

마하트마 간디가 이런 말을 하였다.

"할 수 있다는 믿음을 가지면 처음에는 그런 능력이 없을지라도 결국에는 할 수 있는 능력을 확실히 갖추게 된다."

세컨드라이프의 꿈을 향하여 나아가는 이 순간, 가장 고마운 사람은 바로 나 자신이다. 40년 동안 중소기업에 근무하면서 힘든 나날을 잘 견디면서 극복해냈기 때문이다. 지나온 세월을 돌이켜보면, 매일 정신없이 뛰어야 했기에 여유 있는 날이 하루도 없었던 것 같다. 이제 세컨드라이프를 시작하며 꿈꿔 왔던 일을 할 수 있다고 생각하니 가슴이 설레고 뛴다.

지금 자신이 하는 일이 힘들어도 포기하지 않고 열심히 살아간다면 기회는 반드시 오게 되어 있다. 그 기회가 조금 이르고 늦을 뿐이고, 그 기회를 잡을 수 있느냐 없느냐의 차이이다. 매일 조금씩 자신이 하는 일에 방향을 잡고 준비한다면 기회가 주어졌을 때 잡을 수 있으며, 간절히 원하는 꿈은 신이 내리는 선물처럼 어느 날 이루어질 것이다. 나 또한 그동안 열심히 살아왔기에 꿈을 이루고 또한 미래도 준비할 수 있게 되었다.

자신이 주도하는 풍요로운 삶을 위해 어떤 생각으로 어떤 행동을 해야 할까요? 삶의 현장에서 뛰고 있는 알바생, 직장에서 자신의 업무에 최선을 다하는 직장인들과 곧 은퇴를 앞둔 분들, 그리고 큰 꿈에 도전하는 분들이 꿈을 이루어가는 데 이 책이 도움이 되었으면 좋겠다.

첫 번째 저서를 출간할 수 있도록 응원해 주시고, 추천서를 써주신 테라폰 책 쓰기 코칭 대표 김선옥 작가님께 진심으로 감사를 드린다. 그리고 무엇이든 할 수 있도록 응원해 주고 믿어주는 남편 권해성 님께 감사하며, 딸 솔비에게도 예쁘게 잘 자라줘서 고맙다는 말을 전한다.